MARINA PALMER

El perdón

La puerta al Paraíso

Diseño de portada: Alejandra Ruiz Esparza Fernández
Imagen de portada: © Shutterstock
Diseño de interiores: Felipe López / Grafía Editores, S. A. de C. V.

© 2014, Marina Palmer

Derechos reservados

© 2014, Editorial Planeta Mexicana, S.A. de C.V.
Bajo el sello editorial DIANA M.R.
Avenida Presidente Masarik núm. 111, 2o. piso
Colonia Chapultepec Morales
C.P. 11570, México, D.F.
www.editorialplaneta.com.mx

Primera edición: junio de 2014
ISBN: 978-607-07-2194-6

Impreso en los talleres de Litográfica Ingramex, S.A. de C.V.
Centeno núm. 162-1, colonia Granjas Esmeralda, México, D.F.
Impreso y hecho en México – *Printed and made in Mexico*

Dedico este libro a todos mis
Maestros del Cielo
y de la Tierra, a mi alma gemela,
a mi maravilloso mandala
de luz familiar, laboral, social y planetario.

A quienes me abrazan con su amor
cubriéndome con el apoyo que
necesita mi misión.

A mi Madre Omega, quien me
ayuda a crear y dar forma,
desde el gran amor
que me inspira.

A todos ustedes que ya me leyeron
y a quienes están por hacerlo, porque Dios
nos sincroniza para regresar
a su corazón.

Agradecimientos

Porque la vida se va creando con el amor, el dolor y las alegrías de todos aquellos que nos cubren con su confianza, gracias por enriquecer mi ser, mi vida y este libro.

A Adriana Preciado Fierro, quien me dijo en una tarde dolorosa de su vida: "Amiga, por favor , escríbenos un libro sobre el perdón".

A Isabel Cano Trejo, quien desde el perdón está creando la vida que siempre soñó.

A mi querido, respetado y bien amado Daniel Mesino, mi editor, porque su paciencia, tranquilidad y confianza permiten que sincronicemos tú y yo.

Abrazos de gratitud divina.

Marina

Hablar del perdón es hablar de nuestra vida personal envuelta en la manta que todo lo guarda. Es mirar tratando de no mirar; es hablar con palabras bordadas de recuerdos; divagar en las puntadas que dejaron de lastimar por un sentido de supervivencia.

Es el idioma sin palabras ni sílabas ni consonantes. Es el que se muestra con acciones, con lágrimas, con gemidos; el más buscado, el más dañado, el distraído, el perseguido.

El guardado, el olvidado; el idioma del silencio; el aniquilado, el confuso, el golpeado.

Por largos años, el más esperado.

El que borda esperanza, ilusiones, sueños, deseos y añoranzas incomprendidas.

Hablar del perdón también es hablar de la desobediencia de una mujer y de la complicidad de su hombre; del alimento prohibido; del Holocausto; del niño perdido; de las almas olvidadas; del pueblo herido; del hermano cansado y el corazón ofendido.

Del beso de la traición, del Calvario, de la corona de espinas, de cuatro clavos y de la humillación al más puro de los corazones.

Es el idioma de la paz y del alivio. Tiene el símbolo de la cruz.

Tiene el llanto de una madre; tiene manos con sangre.

Es el idioma de la esperanza y la resurrección.

Hablar del perdón es hablar de ti, de mí y de todos los que hemos regresado.

Es hablar de la liberación del pueblo de Dios.

El regreso al Paraíso

Hemos estado mucho tiempo fuera de casa; somos niños buscando el calor espiritual del hogar de mil maneras, unas menos peor que otras, desde que nos desterraron del Paraíso.

Aquello que el Padre y la Madre habían formado con tanto amor para sus hijos, era el hogar donde morábamos con todo lo necesario para seguir madurando como almas por medio del estudio y el conocimiento en el desarrollo de la sabiduría.

Vivíamos en la plenitud del saber; cada lección tenía como finalidad otorgarnos valiosas enseñanzas.

Se nos desarrollaba en las bellas artes, como la música y el canto, para aprender las notas y los sonidos angelicales que forman las alabanzas al Padre y a la Madre; a tocar los instrumentos como los querubines; a pintar los colores del cielo y a esculpir escenas de la naturaleza.

Vivíamos embelesados aprendiendo a alcanzar la belleza de la perfección.

Las lecciones también incluían el estudio de los misterios de la creación y sus leyes. Éramos los hijos que absorbían la sabiduría de sus padres.

Nos gusta leer, estudiar, comprender y profundizar en el conocimiento interno porque el alma recuerda de dónde viene y hacia dónde quiere regresar. Mientras más conozcamos más recordaremos el camino de regreso.

Se nos instruía y educaba en el desarrollo de la divinidad y disfrutábamos del hogar que Dios Padre y Dios Madre habían creado para nosotros, para aprender a mantenernos en estado de perfección y regresar en esa gracia a la integración total de sus energías por la ley de los ciclos.

Vivimos en un gran reloj cósmico; todo sale de un punto para regresar al mismo lugar, llevando consigo el resultado de las experiencias recorridas.

Jesús le dictó a Juan el Amado en el Apocalipsis:

> *Yo soy el Alfa y la Omega, el principio y el fin —dice el Señor Dios—. El que es, que era y que ha de venir, el Todopoderoso.*

"El principio y el fin": donde la manecilla termina para volver a comenzar.

"El Alfa y la Omega": el Padre y la Madre.

"El que es, que era y que ha de venir. El Todopoderoso": el reloj cósmico mantiene en el pasado, el presente y el futuro la misma naturaleza de los Padres.

Vivimos ciclos tras ciclos tras ciclos, dimensiones diferentes que cierran y abren sus ciclos según lo que se está listo para resolver. Nada llega fuera de su momento; aparece en el segundo indicado para transportar las energías a otra línea del tiempo donde nos esperan experiencias por vivir.

En la medida en tengamos más resuelta la parte espiritual, más rápido será el avance. El alma se alimenta del Espíritu y el Espíritu se alimenta de Dios.

Dios es el Alfa y la Omega, las dos fuerzas que nos construyeron a su imagen y semejanza dentro de un equilibrio perfecto para mantener la vida con vida. Nacimos divinos desde nuestra creación con el libre albedrío, que o nos hace fluir o nos arrastra.

Existimos bajo una fuerza cósmica administrada por reglamentos, mandatos, códigos, normas y reglas, hechas para ser observadas con gran fidelidad por nosotros y las jerarquías cósmicas, compuestas por elohimes, serafines, dominaciones, virtudes, potestades, ángeles, arcángeles, maestros ascendidos y no ascendidos, bodhisattvas, budas y seres que están cumpliendo al pie de la letra estas leyes para entregarnos un Universo en perfecta armonía. También se encargan de supervisar nuestras vidas y la obediencia que guardamos ante los mandatos que se nos han otorgado para existir y evolucionar.

Gracias a la experiencia, al amor incondicional y a la gratitud sus energías se inclinan obedientes frente a estas leyes.

Esta conducta lleva, sin lugar a dudas, a la victoria de todo lo que está destinado a transformarse para aumentar su luz.

Arrodillarnos ante Dios es el acto del alma que reconoce y agradece al Creador de todo lo visible e invisible el alimento que nos da día a día con su luz.

Todas las evoluciones han sido creadas con sus leyes correspondientes para mantener bajo esos códigos su sano desarrollo. La gran pérdida de ciudades, continentes, seres y razas ha ocurrido por la falta de comprensión, respeto y obediencia antes las peticiones de Dios, traducidas en sus mandamientos.

La rebeldía en las mentes humanas no solo ha provocado indiferencia colectiva ante estas órdenes, también ha tenido como consecuencia pérdidas irreparables de grandes y únicas oportunidades para la reunión eterna con el Alfa y la Omega.

Toda raza tiene un ciclo que cumplir. El tiempo para hacerlo se establece desde el momento en que esta es creada y tiene una fecha límite, que al no ser cumplida genera grandes complicaciones.

Todos encarnamos con la firme promesa de parte del Padre y la Madre de darnos lo necesario para llegar a tiempo a nuestro destino espiritual.

Los padres damos cuanto podemos, y más a nuestros hijos; en mayor medida lo hacen nuestros padres cósmicos, quienes mantienen la fe de reunirnos nuevamente en su regazo.

Es necesario aprender a vivir con metas espirituales para no quedarnos a la mitad del camino, en dimensiones donde el alma ve pasar la vida sin consuelos ni glorias, sin logros ni victorias.

Las metas personales, familiares y profesionales son necesarias siempre y cuando nos inspire la parte divina del resultado.

El valor de las cosas materiales es real cuando se han obtenido por medio de esfuerzo, tenacidad y fe. Solo a través de los méritos propios el alma va ganando sus quilates. La infamia del "engaño" le puso un alto precio al costo de los "valores" superficiales originados en hábitos llenos de excesos e incalculables abusos, haciéndonos creer que el valor genuino del alma puede pagarse con billetes que son nada ante una chispa de fuego.

La vida frívola tiene al mundo inmerso en el mar de la irrealidad, peleando bajo la ley del más fuerte, estructurado bajo el dominio del ego y el control humano, haciendo que unos pasen al lado de los otros sin mirarse el alma y el corazón.

Seguimos buscando el camino de regreso a casa, al Paraíso vagamente recordado por quienes creen poco de todo y nada a la vez. Por quienes basan su fe en milagros ajenos y actos confusos para el alma.

El camino se alargó mas de la cuenta; las noches se volvieron más largas y los días más cortos; la rebeldía se impuso modificando y aceptando los conceptos de las conductas de autodestrucción y disminución de valores, perdiendo de vista el objetivo principal de cada vida que va naciendo.

Podríamos empezar de nuevo dentro del principio y el fin, pero las ataduras del autoengaño han atrapado a millones de mentes en la telaraña de la inconsciencia. Todo se justifica mientras genere ganancia y placer.

La humanidad construyó su propia cárcel; aprendió a dividirse para no sentirse culpable, justificando la autodestrucción y el fácil desperdicio de la luz destinada a la riqueza interna. Fuimos creados por la misma fuente, y aún se piensa que somos distintos, cuando al final de cuentas todos vinimos a resolver lo mismo: las deudas que tenemos pendientes con el sistema de Dios.

El significado de la palabra jerarquía se confundió y el hombre se dividió entre sus propias ideas sociales, morales y religiosas, disminuyendo el resplandor de sus tesoros internos.

El brillo de cada ser (terrenal o no terrenal) se establece según su grado de obediencia a las leyes que rigen sus energías: mientras más obediente se sea se genera mayor cantidad de luz para continuar, sin interrupciones, a la siguiente línea que nos acerca más al corazón del Alfa y la Omega.

La desobediencia genera karma, y el karma pesado produce, entre otras cosas, dolor y tristeza, enredando y complicando la vida diaria, ya que todo lo que sale del corazón debe regresar a él.

Todos vinimos a lograr la expresión total de la divinidad, y como base de partida para llegar a esta meta se empieza con el cuidado de nuestra luz.

> *Dijo Dios Padre: "Hágase la luz", y Dios Madre contestó: "Y la luz se hizo".*

Somos seres de luz, seres de energía; estamos formados por resplandecientes chispas de fuego sagrado que componen nuestras moléculas y átomos; vinimos a recuperar cada gota de luz que hemos dejado en otras vidas, en cada deuda no resuelta. Nacimos con la gran oportunidad de desarrollar el potencial divino que nos lleva de regreso al Paraíso.

Cuidar nuestra luz debe ser nuestro propósito diario, la base de partida de cada día que comienza. Debemos aprender a ser firmes en las decisiones que tomemos cuando sepamos que ponen en riesgo lo que vinimos a recuperar. Debemos estar atentos a todo lo que nos distrae del esfuerzo por vencer aquello que nos sigue alejando de nuestros logros espirituales.

Hablar de igualdad como hijos de la luz es hablar del rescate de los mismos principios que nos formaron. Es unificarnos en los mismos objetivos como almas y aprender a separarnos de todo y de todos aquellos que no han comprendido la razón de la existencia desde los tiempos remotos hasta nuestros días, de los que no conocen los verdaderos conceptos de hermandad.

Salieron de nosotros, pero en realidad no eran de nosotros, porque si hubieran sido de nosotros, habrían permanecido con nosotros; pero salieron, a fin de que se manifestara que no todos son de nosotros.

Juan 2:19[1]

Aquellos que han ignorado hasta el final de sus días todas estas normas y reglamentos decidieron usar su

[1] Las citas bíblicas fueron tomadas de Reina-Valera, American Bible Society, 1960.

libre albedrío para separarse de la gran oportunidad de la reunión eterna con el Alfa y la Omega, dejando sus almas perdidas en dimensiones poco visitadas por seres de luz. Su lema es propagado en los placeres de la carne influyendo en la voluntad colectiva para llevarlos a quebrar fácilmente los reglamentos.

Vivir, vivir que nos vamos a morir.

Esta mentira embustera genera ansiedad y hace que las almas inocentes sean parte de las intenciones más bajas de la oscuridad.

Recuerda siempre que la luz nunca muere, que tu luz no va a morir, que está pasando por este ciclo para llegar al corazón de tus creadores.

El que cree en Mí, aunque muera, vivirá; y
todo el que vive y cree en Mí, no morirá jamás.
Juan 11: 1-45

La falsa jerarquía (ángeles caídos) encontró la manera de establecer trampas para obtener más de los hijos de Dios, proliferando en las familias donde se perdió la fe y la adoración a la llama del amor.

Ellos existen dentro de las organizaciones donde se busca lujuria, poder y ambición ilimitada. Donde la maldad cada vez más apaga el calor ardiente del cobijo divino. Los ángeles caídos, cegados por la corrupción de sus actos, se olvidaron de que un día fueron nuestros guardianes.

*[…] mas desviando su misión engendraron
la explotación, la opresión, la destrucción, la
guerra, la vanidad, la brujería, la fornicación
y el engaño.*

Libro de Enoc

En el Libro de Enoc —bisnieto de Noé, el séptimo desde Adán—, que forma parte del canon de la Iglesia ortodoxa etíope, se relata cómo y por qué cayeron de la gracia divina estos ángeles. También narra su viaje a los diferentes cielos que vio durante un sueño, describiendo cada una de las dimensiones creadas para las almas que han elegido la luz o la oscuridad.

A través del Libro de Enoc conocemos la historia, a partir de su visión, de la desobediencia a las leyes que cometieron doscientos ángeles encargados del cuidado de aquellas evoluciones. Al sentirse atraídos por las hijas de los hombres, decidieron procrear hijos con ellas y les enseñaron misterios que solo eran del Cielo, llevando de esa manera secretos a la Tierra que no estaban destinados para el discernimiento humano.

Enoc caminó con Dios después de que estos doscientos ángeles arrepentidos y aterrorizados por lo que habían hecho le pidieron que intercediera por ellos ante al gran juez. Y Dios les mandó decir con Enoc:

*Ve y dile a los Vigilantes del Cielo que te
han enviado a suplicar por ellos: "A ustedes*

corresponde interceder por los humanos y no
a los humanos por ustedes".
Diles, pues: "No tendrán paz".
Libro de Enoc, 15, 16:2, 4

Las leyes están hechas para que se cumplan y aunque Dios es un Padre que perdona muchas cosas, hay leyes que tienen que ser cumplidas por Él mismo para que todo funcione bajo sus principios.

Obedecer los principios de una vida recta, comprometida, y amar a Dios por sobre todas las cosas, ha sido sin duda alguna el mayor desafío de la humanidad.

Dios creó un mundo tan bello y tan perfecto que el hombre y la mujer, en su gran mayoría, se enamoran desde una visión superficial desviando el alimento espiritual que genera la visión interna.

No se ha entendido que al final de la vida nos vamos solo con lo que se generó en el interior. La "vida loca" es la manera más fácil de vaciar el corazón.

El libro albedrío nos sirve solo para dos cosas: para alejarnos de Dios o unirnos a Él.

Basta con ver a nuestro alrededor para distinguir quién es quién. Existen dos tipos de almas en este planeta Tierra: las de luz y las de oscuridad, y el proceso de separar el trigo de la cizaña está empezando. El tiempo de la siega ya comenzó.

El reino de los cielos es semejante a un hombre que sembró buena semilla en su campo;

pero mientras dormían los hombres, vino su enemigo y sembró cizaña entre el trigo, y se fue. Y cuando salió la hierba y dio fruto, entonces apareció también la cizaña. Vinieron entonces los siervos del padre de familia y le dijeron: "Señor, ¿no sembraste buena semilla en tu campo? ¿De dónde, pues, tiene cizaña?". Él les dijo: "Un enemigo ha hecho esto". Y los siervos le dijeron: "¿Quieres, pues, que vayamos y la arranquemos?". Él les dijo: "No, no sea que al arrancar la cizaña arranquéis también con ella el trigo. Dejad crecer juntamente lo uno y lo otro hasta la siega; y al tiempo de la siega yo diré a los segadores: 'Recoged primero la cizaña, y atadla en manojos para quemarla; pero recoged el trigo en mi granero'".

Mateo 13:24-30

Se inicia una nueva era; llegamos al principio y al fin de una línea cósmica; el tic tac nos movió hasta la línea de Acuario, donde estaremos y estarán las almas pasadas, presentes y futuras durante dos mil años.

Estamos en la línea del amor, la creatividad, la gratitud, la cultura y la belleza. Tenemos la oportunidad de generar en nuestro interior estas y todas las cualidades del rayo rosa, el color del amor, creando con nuestras propias energías la era dorada: la era en la que la luz del conocimiento hará brillar a toda la humanidad.

Si no logramos hacerlo, el odio, el resentimiento, la falta de perdón, la antipatía, las prácticas de brujería y la autodestrucción nos agregarán a la lista de evoluciones destruidas por las leyes divinas: Sodoma y Gomorra, el diluvio universal, el hundimiento de la Atlántida y Lemuria y otras más, enterradas en el tiempo por la desobediencia de la humanidad.

La destrucción de esas ciudades y civilizaciones ocurrió porque la llama del amor que vive en el corazón del hombre se había extinguido por los actos más bajos que practicaban los habitantes, y como ningún padre desea ser testigo de la perdición de sus hijos, y mucho menos nuestros Padres Divinos, en un acto de misericordia y para su renovación en otros niveles, para darles otra oportunidad como parte del proceso de su reencarnación, las destruyeron en su totalidad.

La reencarnación es un acto de misericordia: regresamos con la oportunidad de resolver nuestras deudas. (Más adelante trataremos con más detalle este tema.)

Esta destrucción fulminante ocurre por razones de tiempo: el alma tiene un límite de reencarnaciones y antes de que se agoten las oportunidades de regresar al corazón del Padre y la Madre, las leyes recurren al aniquilamiento colectivo de los cuerpos cuyas almas perdieron el sentido del amor divino.

El alma tiene un determinado número de oportunidades, y cuando abusa de ellas se dirige a ciegas a su propia perdición.

Es tiempo de enfocarnos en la luz, darnos cuenta de que en la actualidad contamos con herramientas que limpian, guían y restauran el interior. Hoy más que nunca tenemos mucho a nuestro favor.

La era de Piscis, que dio inicio con el nacimiento de Jesús, quedó en el pasado. Durante dos mil años se nos preparó con toda la riqueza que nos heredó el Maestro en los Evangelios.

Él nos dio su ejemplo también con el cumplimiento de su misión, su admirable obediencia a las leyes y a la voluntad del Padre. Aunque era el elegido por Dios y el corazón Divino hecho carne, el proceso de su obediencia también fue doloroso para su alma: la traición, la burla y la humillación quizá fueron más desgarradoras que los azotes en su cuerpo.

Dios limpió nuestra acumulación de karma por medio de la sangre de su Hijo amado. En la sangre está la vida. La sangre de Jesús era y sigue siendo la vida de Dios, tan poderosa que purifica a todos los que han nacido y están por nacer.

Él sabía que su sangre sería derramada para evitar más destrucción de almas, y aunque desde pequeño fue perseguido, el día de su entrega, bajo la presión de la obediencia, sus emociones lo llevaron sin lugar a dudas hacia la "noche más oscura del alma".

Todos hemos vivido esa noche, y aunque es muy dolorosa es la manera a través de la cual Dios pone a prueba nuestro amor y fidelidad por Él. Es una prueba íntima e individual, consciente y profunda.

Es una experiencia en la que la sensación de que Dios se olvidó de nosotros se apodera de uno por unos cuantos minutos, que se convierten en una eternidad, y que genera súplica, llanto y ruegos, para culminar en un gran alivio y en un aumento de la conciencia y la fe.

Cuando la profecía estaba por cumplirse, la angustia invadió a Jesús. La experiencia que estaba a punto de sufrir era demasiado para un alma tan llena de amor: enfrentar el odio de aquellos por los que vino a dar la vida, a pesar de la pureza de sus intenciones.

Las palabras que pronunció momentos antes de ser entregado en el huerto de Getsemaní nos dan una idea del efecto de la obediencia y el valor ante el cumplimiento de la misión, sea la que sea, la comprendamos o no. El compromiso es con Dios, y eso lo reconoce el alma, aunque la mente y el corazón sufran el conflicto de la aceptación.

Padre, si quieres, pasa de mí esta copa.
Mateo 26:42

Pero la copa no le fue retirada y en cada sorbo bebió la amargura de nuestras faltas.

Recordemos que Dios mismo tiene que cumplir sus leyes para que todo funcione bajo sus principios. La obediencia de Dios es admirable. Debemos tener la seguridad de que todo lo que le pasó a Jesús, Él como Padre también lo sufrió con intenso dolor. Pero eran muchas las almas que estaban por perderse, y el acuerdo entre ellos fue sacrificar el amor de ambos por los demás.

Llegamos entonces a la línea de Acuario. Como decíamos, la línea de Piscis quedó atrás y con ella el silencio y el misterio. Ya no vendrá nadie a entregar su vida por nosotros. El sacrificio se volvió personal: cada quien tiene que hacer el trabajo interno por sí mismo, empezando por reconocer las grandes y valiosas herramientas que nos dan el conocimiento y la herencia que nos dejó el sacrificio de Jesús, cuya sangre es energía de amor que nos sigue purificando.

En la sangre está la memoria de nuestra raza, los libros de nuestros ancestros, sus actos nobles o corruptos, sus victorias o sus derrotas, sus más nobles alegrías y más profundas tristezas.

La sangre nos une a la historia resuelta o inconclusa de sus almas; somos cómplices del silencio o del dolor que llevaron en sus venas; tenemos su influencia en lo negativo y en lo positivo hasta cierto número de generaciones.

> *Yo pido cuentas a hijos, nietos y bisnietos por la maldad de sus padres que no me quisieron. Pero me muestro favorable hasta mil generaciones con los que me aman y observan mis mandamientos.*
>
> Éxodo 20:5, 6

La sangre transporta energías que influyen en la mente, las emociones y el cuerpo. Las sustancias tóxicas que la contaminan no solo afectan la salud sino también la parte espiritual del individuo.

En los sacrificios que se ofrecían a Dios antes de la llegada de Cristo se inmolaba un cordero como parte de un ritual de purificación por las faltas. En la sangre están nuestra redención o nuestros castigos, nuestras derrotas o nuestras victorias.

Algunas disciplinas espirituales nos ayudan a purificar la sangre, transformando la energía en la santidad necesaria para limpiar la historia genética que pueda estar contaminándola.

La buena alimentación, el descanso, la cultura, las bellas artes, los actos nobles y el sentido de responsabilidad, permiten que la sangre siempre se mantenga circulando en su pureza.

El té de zarzaparrilla, el agua de alpiste, el agua de manantial, la oración, la meditación y la comida vegetariana la mantienen limpia.

En cambio, el exceso de azúcar y café; los refrescos, principalmente los oscuros; la carne roja, y de manera más grave la carne de cerdo; los conservadores, los sabores artificiales, los edulcorantes, el colesterol; las malas intenciones, desvelarse, el alcohol, el odio, el rencor, la nicotina, la heroína, todo tipo de drogas —legales, ilegales y sintéticas—, la intoxican de manera grave.

Disciplinar nuestras energías con buenos hábitos y tomar la comunión es un gran paso para tener la fuerza y la capacidad necesarias para lograr el cumplimiento de todos los compromisos que se nos han impuesto, tanto en el Cielo como en la Tierra.

El pan y el vino de la sagrada comunión son el cuerpo y la sangre de Cristo.

Jesús nos dejó este ritual de purificación para que cesaran los sacrificios de animales y de humanos, y dejara de correr sangre inocente.

Llegó el día de los panes sin levadura, en el cual era necesario sacrificar el cordero de la Pascua.

Y Jesús envió a Pedro y a Juan, diciendo: "Id, preparadnos la Pascua para que la comamos".

Ellos le dijeron: "¿Dónde quieres que la preparemos?".

Él les dijo: "He aquí que al entrar en la ciudad os saldrá al encuentro un hombre que lleva un cántaro de agua; seguidle hasta la casa donde entrare, y decid al padre de familia de esa casa: 'El Maestro te dice: ¿Dónde está el aposento donde he de comer la Pascua con mis discípulos?'. Entonces él os mostrará un gran aposento alto ya dispuesto; preparadla allí".

Fueron, pues, y hallaron como les había dicho; y prepararon la Pascua.

Cuando era la hora, se sentó a la mesa, y con Él los apóstoles.

Y les dijo: "¡Cuánto he deseado comer con vosotros esta Pascua antes de que padezca. Porque os digo que no la comeré más, hasta que se cumpla en el reino de Dios.

Y habiendo tomado la copa, dio gracias, y dijo: "Tomad esto, y repartidlo entre vosotros, porque os digo que no beberé más del fruto de la vid, hasta que el reino de Dios venga".

Y tomó el pan y dio gracias, y lo partió y les dio, diciendo: "Este es mi cuerpo, que por vosotros es dado; haced esto en memoria de mí".

De igual manera, después que hubo cenado, tomó la copa, diciendo: "Esta copa es el nuevo pacto en mi sangre, que por vosotros se derrama".

Lucas 22:7-20

En su sangre está la memoria de su obediencia ante las leyes de Dios, en su sangre está el amor por Él y por nosotros, están su conciencia, su ejemplo, sus milagros, sus logros, sus victorias y su gran sacrificio. Este derecho es nuestro, nos fue otorgado por Dios como la alianza nueva dentro de un acto de amor incondicional.

Cuando este ritual se lleva a cabo se crea una transubstanciación de moléculas y átomos y a través de las palabras consagradas de Jesús, el pan y el vino se transforman en su carne y en su sangre.

No son carne ni sangre comprendidas bajo la conciencia humana; es la sustancia de la carne y la sangre de Cristo antes de ser materia, para fundirse en el pan y el vino, haciendo tangible la energía de Dios santificada y bendecida para seguir renovando la carne y sus debilidades, los genes y cualquier pasado que bloquee el flujo de luz y el avance del alma.

Lo que genera cambios de elevación en la conciencia del ser y de su mundo, cada vez que se participa en la alianza nueva y eterna del Unigénito.

El pan purifica el cuerpo que nos compone y el vino la sangre que corre por nuestras venas. La sagrada comunión se toma con pan y vino como un ritual completo.

Comulgar es un derecho de todos. Así lo quiso y pidió Jesús en su última cena de Pascua, no debe haber excepciones. Las ideas religiosas nos han divido; se ha establecido un sistema que condiciona nuestro crecimiento espiritual según sus conceptos e intereses. Ningún hombre, ningún sistema, ninguna condena humana tiene el poder de quitarnos el derecho de tomar la sagrada comunión.

Haced esto en memoria mía.

Jesús no dividió, no puso reglamentos, no catalogó, nunca dijo quiénes sí y quiénes no. Su entrega fue para todos porque todos necesitamos de su cuerpo y su sangre para purificarnos.

Las razones que actualmente niegan la comunión a millones de almas han sido impuestas por el gobierno religioso, pues jamás fueron mencionadas o escritas por Jesús ni sus apóstoles.

Estamos convencidos de que este ritual requiere de mucho respeto por parte nuestra, así como fe y gratitud. Pero aceptar que solo unos cuantos tienen ese derecho porque "cumplen" con los requisitos de un sistema que otorga el "permiso", es una gran falta de respeto al sacrificio. La autoridad con la que niegan este derecho es un abuso de poder, de manipulación y de asesinato espiritual.

La sociedad ha sido sometida por cientos de años y el resultado es que cada día que pasa la situación está empeorando. La gente está dejando de creer porque el mayor sistema religioso impuso el método perfecto para mantener sus intereses por medio de nuestra fe.

Ninguna religión nos garantiza el pasaporte al Paraíso, cualquiera que sea el que tú elijas. No sigas al hombre para comprender a Dios; sigue a Dios para comprender al hombre.

Recupera tu derecho a comulgar. Solo en esta vida podrás hacerlo.

Para tomar la comunión se debe cumplir con tres requisitos principales, según los valores que nos comparten las enseñanzas de los maestros ascendidos para la nueva conciencia.

- Haber hecho la primera comunión.
- Tomarla bendecida por un pastor, reverendo, reverenda, ministro, ministra o sacerdote que se haya ordenado bajo los reglamentos correspondientes dentro de su religión o doctrina espiritual.
- Elaborar una carta de confesión ante Dios, y al terminar de escribirla quemarla.

Cuando se esté tomando la sagrada comunión se nos pide no ver al hombre o a la mujer que están dando el pan y el vino a los creyentes como seres terrenales. En ese momento debemos verlos como vehículos que transportan energías sagradas hacia nosotros. De esta manera, los pensamientos dudosos no interrumpen la transferencia tan importante de luz que genera este ritual.

Si a partir de hoy decides participar en esta ceremonia de manera frecuente aunque tu religión te lo niegue, aunque te haya excomulgado de acuerdo con sus dogmas, recuerda que es un derecho divino que otorga Dios y no el hombre. Después haz tu carta de confesión.

¿Es suficiente escribir la carta de confesión? Sí lo es. La energía que sale del corazón y se plasma en el papel a través de la pluma puede ser leída por nuestros guías espirituales divinos.

Recordemos que en el corazón se anida la calidad de los sentimientos y que a través del brazo se transportan hasta el papel grabándose en la tinta.

La cartas para Dios o alguno de sus ángeles y seres espirituales deben quemarse para que el fuego, que es sagrado, queme toda la energía negativa de las faltas y las peticiones y confesiones puedan ser transportadas hasta las manos celestiales. Las cartas de confesión se escriben cada vez que se cree necesario hacerlo antes de comulgar. Hay otros tipos de cartas, sobre las que hablaremos más adelante, mediante las cuales podemos comunicarnos con almas y seres de luz que están en otras dimensiones.

En una de mis conferencias una mujer me preguntó que si no era un "sacrilegio" tomar la comunión siendo divorciada y casada por segunda vez, ya que no tenía la bendición de la Iglesia por ser segundas nupcias.

Comentó que ambos se sentían deprimidos y culpables respecto a este tema por haber decidido casarse y con ello provocar la "renuncia" impuesta al cuerpo de Cristo, pero que en sus corazones anhelaban siempre poder comulgar. Expresaron:

"Hemos tratado de rescatar este derecho enviando cartas la Santa Sede; sin embargo, no encuentran razones suficientes para permitirnos comulgar. Esta no es la misma situación para quienes tienen fama y poder, pues a la mayoría de esas parejas se les otorga el divorcio eclesiástico y gozan de todos sus derechos".

Mi respuesta tenía que ser muy clara ya que este tema sigue paralizando la evolución de las almas, y aunque en esa ocasión solo expuse algunos puntos claves para ofrecer una respuesta lo más correcta posible, hoy considero una oportunidad poder ampliar el tema de manera más profunda.

De acuerdo con el Diccionario de la Real Academia Española, *sacrilegio* (del latín *sacrilegǔum*) significa: *1.m. Lesión o profanación de cosa, persona o lugar sagrados.*

Sus orígenes vienen del latín, lengua que no era de Jesús ya que su idioma era el arameo.

Dentro de la cultura del cristianismo significa atentar contra lo más sagrado. Es una palabra compuesta: *sacri*, "sagrado", y *legere*, "robar, recoger". La unión de las dos palabras significa "robar lo sagrado".

A mediados del siglo XVIII, Federico el Grande, rey de Prusia, comprendió que cometía sacrilegio no el que robaba sino el que vendía objetos o algo sagrado, como la sangre humana.

Muchos de los verdugos que ajusticiaban personas vendían a escondidas la sangre de las víctimas, ya que se creía que esta tenía un poder muy especial para lograr la sanación, y con ella se elaboraban brebajes para curar el "mal de amores", o los que se utilizaban en rituales como ofrenda para recibir favores del "más allá."

Inclusive, mucha gente que presenciaba estos sacrificios se peleaba por los lugares más cercanos, para que la sangre la salpicara y la "bañara" con sus beneficios.

En la actualidad, muchos asesinatos se cometen para realizar rituales de magia negra, y emplean la sangre de las víctimas para mantener el éxito de negocios ilícitos, especialmente la de los niños, incluyendo los abortos.

Esta sangre es tan pura que la utilizan hoy en día para cubrir las necesidades de la oscuridad en ambas partes. Ellos le entregan la luz de Dios que está en la sangre, y la oscuridad los cuida y los motiva a seguir propagando la maldad.

El derramamiento de sangre que hay en las guerras, en los asesinatos masivos, en los asaltos, en los accidentes causados por estados de ebriedad y suicidios, son estrategias de la oscuridad para beber la sangre y con ello continuar existiendo para bloquear la evolución de las almas.

La sangre que corrió por las muertes que generaron las torturas en los tiempos de la Santa Inquisición también se pueden considerar como un "sacrilegio", por la venta de sangre que llevaban a cabo los mismos verdugos nombrados por la Iglesia.

La profanación de los cuerpos de los niños al ser violados por sacerdotes pederastas y la sangre de los cientos de inocentes abortados que se descubrieron en las paredes y túneles de los antiguos conventos de religiosas, no solo son "sacrilegios" en los términos de la misma Iglesia, también nos hablan de un sistema religioso incongruente y sin derecho para negar la sagrada comunión a los hijas e hijos de Dios urgidos por evolucionar.

Mientras este sistema no cambie los resultados seguirán siendo los mismos. Hay que subrayar que hablamos de un sistema, no de gente en particular, ya que este mismo sistema es utilizado por aquellos que escudados en la religión cubren sus bajezas, miedos e irresponsabilidades.

Tanto amaba Jesús a los niños que no es concebible que este tipo de "sacrilegio" siga quedando impune y sin castigo en personas que usan el hábito o la sotana para satisfacer perversiones e intereses de todo tipo. Las leyes del hombre condenan fuertemente, con el rechazo social y con cárcel, a los pederastas.

Los actos corruptos de la Iglesia que siguen saliendo a la luz continúan impunes y sin castigo, creando confusión en los objetivos de la religión así como en las paternidades sacerdotales encubiertas por el mismo sistema religioso.

Dios creó las religiones al ver los estados de limitación en el dominio de los cuatro inferiores en el hombre (mente, cuerpo, emoción y memoria), y envió a sus avatares y adeptos para divulgar su palabra, así como los rituales de disciplina y purificación. Aunque existen muchos caminos, todos tienen como fin llegar a la misma fuente de amor en acción, en palabra, en contemplación.

Comprendamos entonces que aunque Dios creó las religiones por medio de sus profetas, ellas solo son el medio, no el fin.

El celibato en el clero fue impuesto por san Agustín en el siglo V, quien sostuvo que la semilla del pecado "original" en la desobediencia de Adán y Eva era transmitida por el semen a través de la lujuria en el acto sexual.

Fue a partir de entonces que la "carne" y sus debilidades tomaron el papel principal en la religión, antes que muchas otras cosas importantes, obligando a la abstinencia sexual en el sacerdocio.

Jesús vivió a principios del siglo I en las regiones de Galilea y Judea y fue crucificado en Jerusalén en el año 30 bajo el gobierno de Poncio Pilato.

Antes de que el celibato se impusiera en el clero actual, en los tres siglos anteriores los sacerdotes y obispos eran casados, tenían hijos y sus familias eran un gran ejemplo para las otras familias. Aunque el celibato en sus matrimonios era una práctica generalizada no era obligatoria.

> *Pero es necesario que el obispo sea irreprensible, marido de una sola mujer, sobrio, prudente, decoroso, hospedador, apto para enseñar;*
>
> *que gobierne bien su casa, que tenga a sus hijos en sujeción con toda honestidad,*
>
> *pues el que no sabe gobernar su propia casa, ¿cómo cuidará de la iglesia de Dios?*
>
> Timoteo 3:2, 4-5

El pecado original, entonces, fue una creación de la conciencia humana y una teoría del hombre. En ninguna parte de los Evangelios se menciona la palabra "pecado original".

> *Hagamos al hombre a nuestra imagen y semejanza.*

Estamos buscando esa perfección con la que fuimos creados en el principio. La falta de información clara y correcta también ha contribuido a concebir falsas creencias en las conductas del hombre y la mujer; mas a pesar de esto, el alma sabe que viene a recuperar su grandeza, es por eso que su búsqueda espiritual se vuelve incansable.

Dios no crea semillas pecadoras. No vuelvas a aceptar que serás limpiado del pecado original; eso no existe en el idioma de Dios porque el pecado es la imperfección de las energías que provoca la falta de cumplimiento a las leyes, y sabemos que Dios mismo es obediente ante sus sistemas y todas las leyes que lo rigen.

En el chakra de la sede del alma (la casa donde vive el alma en nuestro cuerpo, debajo del ombligo) del hombre y la mujer están afianzados los poderes de procreación, la semilla de Alfa en el hombre y el óvulo de Omega en la mujer. El semen y el óvulo contienen el mandala de la conciencia crística, que es transferida de generación en generación a través de aquellos que abrazan las disciplinas de la ley y que guardan los mandamientos de su Dios.[2]

En el óvulo se gesta esta conciencia para encarnarla en el alma que se reviste con los genes y cromosomas

[2] Tomado de *Activar los chakras*, Djwal Khul, Porcia Ediciones.

de sus padres y recibe la herencia genética y kármica —tanto karma bueno como malo— de ambas partes. Esta transferencia se genera a través de los padres terrenales, así como la "matriz" espiritual de nuestra identidad. Es decir, nuestra herencia espiritual, el alma, sabe que nacer en la Tierra es una de sus más grandes oportunidades que lleva esperando quizá cientos de años.

Antes de encarnar, y después de su nacimiento, las vidas de las almas son revisadas por un consejo de seres encargados de observar el manejo de las energías que le hemos dado a la vida por medio de nuestras acciones. Quienes nacen se han ganado ese derecho aprobado por este consejo kármico.

La oportunidad de encarnar es la más grande alegría en el Cielo para las almas que están buscando la redención por medio de la vida. Por lo tanto, justifica todo lo que tenga que pasar, ya que el objetivo principal es la oportunidad de regresar al corazón del Alfa y la Omega en un estado de perfección. La concepción es el proceso para vestir al alma de carne y sangre, desde la caída de Adán y Eva.

> *A la mujer dijo: "Multiplicaré en gran manera los dolores en tus preñeces; con dolor darás a luz los hijos; y tu deseo será para tu marido, y él se enseñoreará de ti".*
>
> *Y Jehová Dios hizo al hombre y a su mujer túnicas de pieles, y los vistió.*
>
> Génesis 3:16, 21

Por medio de los padres terrenales, la personalidad del ser define su temperamento, carácter, rasgos, enfermedades e historia de sus ancestros. Estos patrones de energía van tejiendo el ropaje del alma para su próximo nacimiento terrenal, con la oportunidad de lograr su total purificación en la Tierra para integrarse a la conciencia divina en un estado de perfección, por medio de la carne revestida de la piel que cubre los cuatro cuerpos inferiores: los cuatro jinetes del Apocalipsis que deben ser domados para liberar el alma de la rueda del karma en cada encarnación.

Sin duda, las religiones tienen que existir y debemos honrarlas por el respeto sincero que le otorgan a Dios.

Solo por ellas se pueden conocer los rituales de purificación y las disciplinas que el alma necesita para elevarse y ser devuelta a sus orígenes.

- La oración al Padre y a la Madre.
- Los ayunos y disciplinas alimenticias.
- Los cantos sagrados o mantras.
- Las esencias de flores y aceites.

Estas prácticas frecuentes son la base que debe regir las religiones de Dios para continuar purificando el templo donde vive el alma, que busca la victoria de su ascensión en la luz.

Las religiones se establecieron para disciplinar la mente, las emociones, el cuerpo y la memoria. Para domar esos cuatro jinetes que están desbocados por el mundo, galopando sobre la depravación en los cuerpos de los niños y los adultos, en los que las drogas, el alcohol, el azúcar y la nicotina contaminan los templos bendecidos y creados por Dios, para que sus almas regresen a su regazo.

La memoria está en el cuerpo etérico, aquel donde vive el alma en todos los tiempos y dimensiones sin ser carne, donde se guardan los registros de todas las vidas vividas.

Los líderes espirituales y las religiosas que guían a las almas en la Tierra, antes de ordenarse en su religión correspondiente deben de estar casados bajo las leyes del hombre y las leyes de Dios, no solo para que se acabe y se evite la depravación en el caso del clero, también para dirigir a los matrimonios y a las familias correctamente y bajo una realidad. Ser congruentes con los consejos que dan a los matrimonios en cuanto a fidelidad, tolerancia, paciencia y problemas económicos.

En la mayoría de las religiones es así: los rabinos, los ministros, los reverendos y los encargados de liderar a las almas con la Palabra están comprometidos con Dios en sus matrimonios y trabajan arduamente para sostener las necesidades familiares sin descuidar su vocación.

Definitivamente esto contribuiría a una espiritualidad y una sociedad más saludables. Y muchos que han dejado de ir a la iglesia por sentirse rechazados, regresarían con la voluntad de dejarse guiar bajo la ley de la congruencia y el amor sin condenas.

El mismo Simón Pedro era un hombre casado, conocido por el hecho de haber negado al Maestro tres veces el día de su entrega.

Jesús le dijo: "De cierto te digo que esta noche, antes que el gallo cante, me negarás tres veces".

Pedro le dijo: "Aunque me sea necesario morir contigo, no te negaré". Y todos los discípulos dijeron lo mismo.

Mateo 34-35

Al mismo tiempo encomendado, según la interpretación de los Evangelios, a que edificara la Iglesia. Por lo cual la sede principal lleva su nombre, la Plaza de San Pedro en el Vaticano.

Este apóstol fue también reprendido fuertemente por Jesús:

Entonces Pedro, tomándolo aparte, comenzó a reconvenirle, diciendo: "Señor, ten compasión de ti; en ninguna manera esto te acontezca".

Pero él, volviéndose, dijo a Pedro: "Quítate de delante de mí, Satanás; me eres tropiezo porque no pones la mira en las cosas de Dios sino en las de los hombres".

Mateo 16:22-24

Jesús sana a la suegra de Pedro

Entonces Jesús se levantó y salió de la sinagoga,
y entró en casa de Simón. La suegra de Simón
tenía una gran fiebre; y le rogaron por ella.
E inclinándose hacia ella, reprendió a la
fiebre; y la fiebre la dejó, y levantándose ella
al instante, les servía.
Mateo 8:14-15; Marcos 1:29-31

Tomando en cuenta esto como una de las razones claras para retomar la importancia de tener líderes religiosos comprometidos con sus familias y con Dios, quienes dentro de sus promesas matrimoniales se comprometan a manejar su espiritualidad, su relación y su servicio al mundo de forma real y congruente.

Si esto no se cambia, muchas almas seguirán buscando su camino corriendo los riesgos de la necesidad y la soledad que conlleva una espiritualidad vacía y confusa.

Toma en cuenta que es el sacrificio de Jesús el que doma a los jinetes desbocados y purifica el templo de cada alma, sin importar qué tan graves juzgues tus pecados. Él ha venido a limpiarnos, pero el hombre y la mujer deben participar en el ritual de la comunión para que las faltas a las leyes sean lavadas y redimidas.

Hincarnos ante Dios para pedir perdón es la manera en que el alma reconoce que el único Creador de todos los sistemas universales y el Todopoderoso es quien merece la súplica del alma arrepentida. Nadie más.

Él es el único que puede juzgar sobre sus mandamientos. Aunque hay pecados de muerte que no se perdonan, el alma tiene que hacer hasta el último intento para no perderse en el abismo de la imperfección.

Cuando se participa frecuentemente en el ritual de la comunión tomando el vino y el pan consagrado, la conciencia humana se va limpiando transformándose en la conciencia de Dios, buscando las otras disciplinas como parte de su perfeccionamiento y su logro espiritual.

Los maestros ascendidos nos piden participar de la siguiente manera en este ritual, siempre y cuando tu Iglesia te lo permita:

Se colocan las manos una encima de otra (el Alfa y la Omega) para recibir la hostia, la mano izquierda abajo y la derecha arriba abierta para que el reverendo, o la persona que esté dando la comunión, la pueda colocar en ella, y en un vasito muy pequeño el jugo de uva consagrado (sin alcohol).

En la actualidad en varias iglesias y templos la hostia se entrega directamente en la boca, para evitar el riesgo de la venta del cuerpo de Cristo ya consagrado; sin embargo, hay quienes se dedican a su compra y buscan sus proveedores. Reciben la hostia, la mantienen intacta en la boca y después la sacan para guardarla en sus bolsillos y venderla o usarla en rituales oscuros.

Muchos de estos "brujos" utilizan a gente necesitada para mandarla a tomar la comunión y darle una recompensa por cada hostia consagrada que se les entregue.

Tristemente, el cuerpo de Cristo sigue vendiéndose por un puño de monedas.

Llegó el tiempo de cuidar nuestra sangre, ver en ella lo más sagrado que existe en nosotros, darle un corazón digno para alcanzar las promesas del Padre y ser almas llenas de las bondades divinas, aquí y allá.

Hay que evitar accidentes que corten la piel y produzcan sangrados, operaciones innecesarias, cortaduras, perforaciones y todo lo que contamine las venas.

Si la oscuridad está rondando tu templo, en la sangre encontrará la forma de llegar a ti para hacerte tambalear.

Cuidar la sangre, tanto la sangre física como la sangre genética, también es cuidar nuestra evolución. Dejemos familias bien cimentadas, que valoren sus vidas y respeten a Dios.

Aprendamos a protegernos con la luz de san Miguel Arcángel, a rezar diariamente sus oraciones, acompañadas de otros decretos, cumplir las leyes y con ello integrarnos al flujo de los sistemas divinos.

Elaboración de la carta de confesión

En ella se escribirán todas las conductas y acciones que influyen de manera negativa en la vida, reconociendo nuestras debilidades para pedir la oportunidad de manifestar la conciencia del Cristo a través de la oportunidad que recibiremos con la comunión.

Iniciarla de la siguiente manera.

En el nombre del Yo soy el que Yo soy y de
mi santo ser crístico, santos seres crísticos
de toda la humanidad, amado gran consejo
kármico, amado Jesús, amada madre
María, amados siete arcángeles y sus
arcangelinas, seres y poderes cósmicos, yo
confieso ante Dios nuestro Señor:

(Escribir todo aquello que consideres una falta de tu parte, para ti y tus seres queridos y tu sociedad. Recuerda que en la comunión esto será limpiado por la entrega de tu sinceridad.)

Una vez terminada tu confesión, la sellas de la siguiente manera.

Lo pido de acuerdo a mi plan divino y a la
voluntad de Dios.
Nombre completo y firma.

Al concluir, rezar la siguiente oración.

En el nombre de Dios Yo soy y en el
nombre de mi santo ser crístico, invoco
la presencia protectora de san Miguel
Arcángel para que escolte esta carta hasta
las manos de Dios, sea entregada y resuelta
según su divina voluntad. Amén.

Y quemas la carta, cuidando que se consuma toda. Como las cenizas ya no tienen luz puedes tirarlas en la tierra. Puedes hacer tu carta un día antes de tomar la comunión o unas horas antes.

Yo soy es el nombre de Dios entregado a Moisés cuando se le apareció en la zarza de fuego.
Éxodo 3:14

Las oraciones que aquí se comparten vienen en el nombre del Yo soy para crear la conexión debidamente con la fuente.

Estamos muy atrasados, muy débiles por tanta confusión; queremos avanzar dentro del sistema impuesto por más de veinte siglos que solo continúa deteniéndonos. La fecha de caducidad está por cumplirse y las oportunidades del alma están por agotarse.

Las siete razas raíces

Dentro de los ciclos cósmicos son siete las razas raíces que están destinadas a evolucionar en la Tierra; son las razas que Dios Madre-Padre decidieron tener para expresar su grandeza.

Ya nacieron seis razas y están naciendo las almas de la séptima raza raíz. Los niños de la nueva era.

Las razas raíz son las "razas madres", las que mantenían su pureza original antes de mezclarse unas razas con otras por su atraso evolutivo.

Las únicas que han terminado sus ciclos de evolución han sido tres; solo tres razas han regresado completas al corazón de Dios.

De la cuarta, quinta y sexta razas raíz solo regresaron la mitad y la otra mitad sigue aquí generando karma, naciendo unas encima de otras, desfasándose en el tiempo, haciendo que la diferencia entre una generación y otra sea muy notoria, separándose unos de otros cada vez más.

Y con ello creando confusión en las necesidades y deseos de todos: grandes, chicos y pequeños; hombres y mujeres; almas viejas y almas nuevas.

Los niños de la nueva era son almas que nacen sin una gota de karma, son almas que vienen directamente del corazón divino. No han tenido ninguna vida anterior que les haya generado deudas con otras almas; tienen un brillo inigualable en su mirada porque traen la alegría de los corazones puros.

La humanidad en sus atrasos de evolución no está preparada para recibirlos, ya que los abortan o abandonan o golpean o explotan, abusan de ellos o los matan.

Tenemos que prepararnos para darles la bienvenida a los niños de la nueva era; el tiempo no se detiene y todos nacerán poco a poco. Uno de los más grandes tesoros de Dios está en nuestras manos.

La vibración de sus almas tiene una frecuencia muy alta que alimenta y sana, tan necesaria en un mundo donde las energías más densas están tomando el control de la humanidad.

A pesar de ser niños traen la pureza de la perfección tan necesaria en este planeta. Es nuestra obligación cuidar que la luz de sus cuerpos no se manche de ninguna forma enfocándonos en su sano desarrollo. Cuidarlos de pederastas o personas que puedan manchar su inocencia, verlos como reliquias para la humanidad.

Están naciendo en varias partes del mundo, si bien muy pocos, ya que el sistema está esperando que la conciencia de la humanidad se eleve para que sean bien recibidos. Algunos han nacido en Argentina, Brasil, Chile y otros en Europa. Estos países están recibiendo a los primeros pobladores de la nueva era.

En la medida en que se eleve la conciencia en otras poblaciones, mayor confianza tendrá el sistema para enviarlos a diferentes lugares del planeta.

Si deseas recibir a un niño de la nueva era como tu hijo o hija, haz tus acuerdos con el cosmos y prepara tu ser lo máximo posible para que pueda serte confiado, no importa en qué parte del mundo te encuentres.

A estas alturas el trabajo interno nos concierne a todos; es tiempo de cuidarnos los unos a los otros, con el alma bien nutrida, alimentándola con la luz del conocimiento, modificando conductas con la nueva conciencia que nos está obligando a salir de la zona de confort. Nada puede quedarse inmóvil, el universo nos está exigiendo cuentas arrojándonos las consecuencias de lo que hemos permitido.

Somos el microcosmos del macrocosmos; estamos destinados a evolucionar. Las profecías son advertencias para aprender a concentrarnos en el camino correcto.

Las mensajes de la Virgen de Fátima, de Nostradamus y de la Virgen de Medjugorje solo se cumplirán si lo permitimos. Fallar de nuevo es una terrible necedad. Por dignidad a nuestro ser y gratitud al cosmos por tantas oportunidades, ya es hora de enfocarnos en el trabajo del alma.

El trabajo en esta nueva era es individual, y para que se convierta en un gran trabajo colectivo toca a cada uno hacerse cargo de sí mismo para poder ocuparse, en su momento, de los más desprotegidos.

Hay que limpiar el corazón para no limitar el trabajo espiritual.

Es tiempo de hacerlo, aprendiendo a sostener la luz que se recibe y se genera diariamente.

El rencor, el odio, el enojo, la furia y la falta de perdón corre por muchas venas del mundo y por muchos cuerpos de la memoria creando generaciones lastimadas, heridas, molestas, confundidas, dentro de una sociedad atrapada y sometida ante los sistemas humanos injustos y corruptos que interrumpen su sano desarrollo.

Pero a pesar de esto existe una gran ley divina: "la ley del uno". Conocerla y aplicarla en estos tiempos es la manera más saludable de participar en la evolución del planeta.

Ley del uno

Que cada quien haga con toda la fuerza de su corazón y de su mente todo lo que le corresponde, siendo responsable de sanar y cuidar su vida para cubrir en la fortaleza de su regazo a todos los demás, hasta llegar a la conciencia de la unidad.

Quien siembra amor, respeto y cuidado en el interior es, sin duda, como el árbol frondoso que da sombra y alimento jugoso al viajero cansado, hambriento y sediento por tanto andar.

Se perdió la punta del hilo; buscarla será un trabajo laborioso, agotador, con largas jornadas y luchas internas, con seres que llegarán a tu vida para guiarte, mientras otros se irán para dejarte avanzar.

El enredo espiritual que le roba el sustento diario a las almas tiene que arreglarse; los corazones que dejaron de creer porque al haber sido traicionados por el hombre culparon a Dios, tienen que volver a sentirse amados, cuidados, protegidos y guiados.

Todos somos importantes; hemos sido creados con amor, con planes divinos, bajo la perfección del Alfa y la Omega, creadores de las grandes bellezas visibles e invisibles. Debemos recuperar con el conocimiento los verdaderos conceptos del amor para actuar con la sabiduría que nos regala la conciencia divina, observando las venas como lazos que nos unen a un pasado que puede limpiarse por la redención y la comprensión que dan los Padres eternos.

Debemos soltar la culpa, el miedo y todas las energías imperfectas que nos son propias, y recuperar el brillo que nos regala el aliento sagrado al sembrar la luz en cada latido del corazón. Aceptar la realidad sin que hiera, asuste o deprima; ser valientes para lograr la victoria, valorando la oportunidad de alinearnos en las filas de los elegidos que soportaron las trampas de la vida mundana al discernir la verdad de la mentira, la realidad de la irrealidad y la luz de la oscuridad.

Debemos saber en qué momento detenernos frente a los dos caminos que se presenten cuando nos dirijamos al Paraíso; debemos elegir la derecha, tal como giran las manecillas del reloj; respetar cada responsabilidad adquirida como la mejor guía para no perder el tiempo; confiar en que las pruebas fortalecen; crear una personalidad inquebrantable ante los desafíos terrenales y espirituales, y trabajar para sentirnos dignos y nobles ante tanta confianza divina.

Debemos lograr mediante la conducta personal la plenitud interior para verla acomodada en todo lo exterior que se ha construido cada hora, cada día, cada mes y en cada nacimiento.

Somos luz y venimos a brillar.

Pedro se acercó a Jesús y le preguntó: "Señor, ¿cuántas veces tengo que perdonar a mi hermano que peca contra mí? ¿Hasta siete veces?".
"No te digo que hasta siete veces, sino hasta setenta veces siete", le contestó Jesús.
Mateo 18:20-22

Perdonar es la llave que abre la celda del individuo que se libera de los más duros tormentos dejando de cargar errores creados y generados por tanta mala información.

Los tiempos y las épocas han creado diferentes tipos de sociedad y familias, así como diversos problemas políticos y religiosos. Todo ello ha influido en las conductas de quienes han vivido sus experiencias en el tiempo y espacio del pasado, que se une en el presente con cada resultado que se apropia de sus vidas.

Perdonar siete veces no es suficiente para tanto error generado desde el interior, por inconsciencia o complicidad ante la influencia social o genética. La intensidad en el perdón tiene que multiplicarse setenta veces siete, según enseñó el Maestro, para lograr la perfección sobre la perfección con la excelencia.

$$70 \text{ veces } 7$$
$$7 \times 10 = 70$$

El siete es la vibración de la perfección y el diez la vibración de la excelencia.

Los niveles de conciencia que nos estructuran a nivel energético son siete, número bendecido por Dios cuando terminó su creación en siete días.

> *Y bendijo Dios el día séptimo y lo santificó, porque en él reposó de toda su obra de creación que Dios hizo.*
>
> Génesis 2:3

Si te preguntas por qué en esta parte del Génesis se menciona a Dios como si fueran dos Dioses, la razón se interpreta de la siguiente forma: "Dios Padre bendijo y santifico el séptimo día, porque en él reposó de toda su obra de creación que Dios Madre había hecho".

Dios Padre da la luz y Dios Madre crea con ella todo lo que es materia.

Mother/Ma-teria/Ma-dre/Ma-ther

El Maestro Jesús hizo completo su trabajo, nos instruyó, nos enseñó el camino y nos sigue purificando con su sangre. Su labor sagrada es realmente sublime y digna de ser admirada por los siglos de los siglos.

Aunque 490 veces pueden ser un buen número de intentos para lograr el perdón, hasta el día de hoy no existe una cantidad exacta que nos garantice el logro.

Por esta razón, la ecuación espiritual a la que se refería el Maestro no era este último resultado. Él se refirió a la perfección del siete sobre la perfección del diez para multiplicar las energías dentro de un proceso correcto para alcanzar la excelencia del alma.

Tenemos diez dedos en las manos y diez dedos en los pies; ambas partes del cuerpo son puntos clave para mover y expresar las energías en su totalidad.

Con las manos escribimos lo que piensa el alma y le aflige al corazón; con ellas pintamos los colores del Paraíso que sigue guardado en el cuerpo de la memoria; acariciamos, cocinamos, oramos y sostenemos lo que más amamos.

En las manos hay otro universo donde se conjuga el trabajo del hombre con la asociación divina, en el que la unión del Alfa y la Omega queda simbolizada en las alianzas matrimoniales, y también las más grandes obras son talladas, escritas, pintadas o dibujadas por el trabajo dedicado de las manos armoniosas que se mueven al ritmo del corazón universal.

La energía de Dios pasa por la mente, alimentando el corazón y llega finalmente a las manos para hacerse materia en las obras más sublimes y divinas del hombre.

Los dedos de las manos y de los pies son las antenas receptoras que nos conectan con la inspiración divina. Cuidar el uso que se le da a las manos es cuidar la creatividad, inspiración y belleza interna y externa, todo lo que hagas con ellas hazlo con respeto y amor.

El diez es el número de la excelencia, fue por eso que antes de ser destruidas Sodoma y Gomorra, Dios buscó diez hombres justos para ver la posibilidad de volver a levantarla bajo esta vibración, pero al no sumar los diez, la ley destruyó todos los cuerpos ya atrapados en la degeneración y la perdición del placer de la carne sobre los valores que busca el alma en todas sus encarnaciones.

Los Diez Mandamientos son las leyes que rigen las conductas que crean conciencia y evolución.

El diezmo es lo que asocia nuestro trabajo con la divinidad. El número diez formó parte de las enseñanzas de Jesús de manera muy frecuente.

Los diez talentos, las diez vírgenes, los diez leprosos, la mujer con diez monedas de plata, e incluso el dragón que tenía siete cabezas y diez cuernos y siete coronas sobre sus cabezas, que menciona en el Apocalipsis que le dictó a Juan el Amado.

El siete y el diez son los números claves para lograr el perdón y con ello la excelencia y la maestría[3] en las energías que conforman el ser terrenal destinado a convertirse en un ser celestial.

[3] En este caso "maestría" se refiere al automanejo correcto de las energías.

Hemos nacidos con las herramientas adecuadas para el logro de esa victoria.

Estamos conectados a una gran fuente que nos suministra todo cuanto necesitan el hombre y su planeta. A una fuente de luz que no está en esta dimensión y que su poder infinito nos hace infinitos cuando estamos con Él.

Esta fuente de luz funciona de manera parecida a la que se usa actualmente. Una vez que se obtiene la energía eléctrica se transporta mediante cables a las poblaciones, a la industria, a los hogares, para alimentar las lámparas que iluminan la casa tanto al interior como el exterior, los aparatos electrodomésticos, los equipos electrónicos, etcétera. La energía eléctrica es una parte fundamental de la vida cotidiana. En la vida terrenal el uso de energía eléctrica es indispensable para todo lo que se requiere para una vida confortable y para el desarrollo familiar y social.

Aunque el abuso de este producto afecta de manera importante la ecología del planeta, las empresas responsables por lo general hacen caso omiso de esto, lo que provoca el desequilibrio del medio ambiente y acarrea desastres naturales. Por fortuna, ya hay quienes —aunque son pocos— hacen lo que pueden para defender al planeta del abuso indiscriminado de los recursos naturales que ha sufrido los últimos años.

Tal parece que el alma sigue extrañando la luz del Paraíso y suple con los espectaculares esta carencia, al dejarse influenciar por anuncios llenos de falsas expectativas, rodeados de brillantes luces para impactar al ser débil que está buscando la luz que lo devuelva al hogar divino.

El chakra del tercer ojo es el que mantiene el concepto inmaculado sobre una situación, cosa o persona en la pureza de la verdad, pero a causa de tanta mentira fabricada en el exterior, los cuerpos absorben con ellas una maya que nubla el ojo interno y debilita la luz necesaria para ver la realidad.

Tal como llega la luz eléctrica a todos los hogares, ciudades y países desde una fuente específica, así llega a nosotros la luz del Cosmos para iluminar nuestro templo corporal. El corazón es la planta de luz que transporta por el cuerpo y a través de "cables" conectados unos con otros la energía exigida para nuestra evolución.

Al cuerpo físico los maestros ascendidos[4] le llaman el templo corporal ya que funge como un lugar sagrado para la madurez del alma. Este templo tiene la bendición de permanecer iluminado durante 24 horas por la gran fuente de luz que lo ha construido, con la finalidad de compartir su grandeza con aquellos a quienes ama.

Mark y Elizabeth Clare Prophet fueron los encargados de proporcionarnos toda la información sobre sus vidas, ya que en la actualidad existen más 1 500 libros de Summit Publications, sello que edita dichas

---

[4] Los maestros ascendidos son santos de diferentes religiones de Oriente y Occidente que lograron la ascensión de sus energías a través del trabajo que hicieron sus almas mientras estaban en encarnación.

obras, que tratan sobre las enseñanzas de los maestros ascendidos.

Este templo consta de siete escalones muy importantes para que el alma, durante el ciclo terrenal, pueda subir por todos ellos y recupere el estado de perfección con la que fue creada desde un principio.

Pensar que el alma vive en otro lugar genera conceptos de separación, peligrosos para la integración de las energías. Ella vive dentro del templo corporal y todos los días trabaja para alcanzar su perfección.

Aunque los conceptos de perfección fueron arrebatados de la conciencia del hombre y la mujer cuando fueron acusados de "pecadores", los desafíos que hoy en día el alma ha superado, la luz del conocimiento y el amor que se está propagando por el mundo, están haciendo que las almas se vuelvan a sentir valiosas en todos los sentidos.

Nuestro templo requiere de limpieza, dedicación, tranquilidad, luz y orden para poder servirle al alma correctamente en su periodo terrenal. Conocer la estructura de este templo permite hacerse cargo con más claridad y responsabilidad.

Estamos estructurados tal y como se estructura el universo, por niveles, y estos niveles se determinan por colores y sus respectivas vibraciones. El trabajo de todos los que viven aquí, allá y más allá, es mantener la unión permanente con la mente universal y perfecta, para de esta manera lograr ser colaboradores de los creadores infinitos.

Las escaleras de nuestro templo son conocidas en la religión hindú como chakras, y dentro de la nueva conciencia también son llamadas "centros de energía", ya que la luz del cosmos se va concentrando poco a poco en cada uno para ser distribuida diariamente como sustento espiritual. Cada escalón tiene un color y una forma y con ello cualidades y virtudes destinadas a enriquecer el alma; son los regalos que se tienen que encontrar y desenvolver poco a poco para tomarlos y ponerlos a servir.

Así como se buscan las ollas llenas de monedas de oro o los cofres con joyas, con ese mismo ímpetu y deseo el alma debe aprender a encontrar sus talentos y virtudes divinas.

Los chakras también son siete planos de conciencia; en cada plano o escalón se construye el nivel de percepción con el que se vive en la actualidad.

La percepción que cada quien tiene de la vida se debe al desarrollo, limitado o bien logrado, en cada uno de los chakras.

Todas las experiencias vividas en esta y otras vidas las mantiene el alma en el recuerdo, generando con ello las decisiones para subir o no estas escaleras.

La forma de cada chakra es geométrica; los chakras también funcionan como coordenadas para conectar con energías angelicales y divinas.

A la vista humana podrían parecer flores con pétalos que giran en dirección a las manecillas del reloj, manteniendo así el templo corporal de pie y con vida para el desempeño de sus funciones diarias.

Su estructura física es la siguiente: la cabeza se sostiene en los escalones del chakra de la coronilla y el tercer ojo; el cuello, en el chakra de la garganta; el pecho hasta el estómago, en el chakra del corazón y del plexo solar, y del ombligo hasta abajo se sostiene en el chakra de la sede del alma y el chakra de la base de la columna.

Son siete escalones que nos sostienen diariamente. El alma vive debajo del ombligo; ese chakra se conoce como "la sede del alma" porque el cordón umbilical nos alimentó de vida. En ese punto el alma se integra y se queda como puerta de salida hacia su evolución.

La meta es que el alma ascienda desde su sede por todos los escalones hasta llegar al chakra de la coronilla, que está en la superficie de la cabeza. Una vez que logró llegar hasta ahí, por la ley de atracción la energía del chakra de la base de la columna sube por el resto de los escalones para reunirse con el alma.

A esta reunión se le conoce como *matrimonio alquímico*, y en él la energía de la Madre, que vive en la base de la columna conocida como la Madre Kundalini, se une en la pureza de la perfección con la energía del Padre en el chakra de la coronilla para bendecir el alma por su victoria terrenal.

Durante este proceso divino, que puede durar años o vidas, la personalidad se va perfeccionando al elevar los niveles de conciencia trabajando sobre la realidad con las prioridades definidas, cuidando el tiempo destinado a este logro.

El trabajo para desarrollar el potencial de cada uno de estos centros ha sido perfectamente explicado por el maestro ascendido Djwal Khul, también conocido como DK, en el libro *Activar los chakras. El aura humana II.*[5]

En él nos explica que todos los hombres estamos unidos por medio del corazón, que es el punto de conexión para todo ser que tiene conciencia de sí mismo.

En el libro también se nos habla sobre los colores de estos centros de luz, que son diferentes a los de la religión hindú, los cuales fueron distinguidos desde el ojo "humano", influenciados por la maya que generan la densidad del planeta y sus conductas desalineadas.

La riqueza de esta enseñanza no reside en buscar quién tiene la razón, sino en el conocimiento para aplicar correctamente la enseñanza.

Los colores que nos fueron dados por él desde la pureza de su conciencia ascendida los compartiremos más adelante.

Fue amor al vivir y respirar la esencia del Espíritu Santo lo que allanó el camino de maestría en la vida de Jesús, un camino que se convirtió en una espiral de corrientes ascendentes de amor sobre las cuales el alma realizó su destino inmortal siendo recibida en una nube de amor (Hechos 1:9), el campo energético de su presencia Yo Soy.

---

[5] *Activar los chakras, op. cit.*

Amar a Dios con todo el corazón es lograr su conciencia crística. Amar a Dios con toda el alma es lograr la conciencia de su alma. Amar a Dios con toda la mente es lograr su conciencia divina.

Amarás a tu prójimo como a ti mismo (Mateo 22: 39) es el medio por el cual se comprende que el amor que Dios ha colocado dentro de tu corazón, tu alma y tu mente también está en todo cuanto vive.

Y cuando puedas amar a todo cuanto vive identificándolo con este Gran Ser Individualizado, entenderás por qué Jesús dijo que sobre estos dos mandamientos se sostenían toda la ley y sus profetas.[6]

Llenar el corazón de amor es una victoria individual en un mundo donde el odio, los celos, la envidia, el apego y el miedo forman, en su mayoría, la estructura de las relaciones actuales.

El corazón, que es el punto de conexión mediante el que todos estamos unidos, cuando tiene amor cumple, indudablemente, con el segundo mandamiento: "Amarás a tu prójimo como a ti mismo", enviando amor al mundo y manteniendo la sintonía universal al cumplir con una ley principal.

Cuando se tienen odio y otros sentimientos de baja vibración, no solo no se cumple con la ley, sino que bombean esos sentimientos por el templo corporal haciendo que el individuo se aleje de las metas con las que ha nacido, conocidas como "plan divino". El plan

[6] *Activar los chakras, op. cit.*, pp. 16-17.

divino es un contrato hecho para cada alma, antes de su nacimiento, que al ser divino es hermoso.

La ley del karma, también conocida como la "ley del círculo", establece que lo que sale del corazón regresa al corazón, a la vida del individuo, a su mente, a sus emociones, a sus sentimientos, a todo su templo y a toda su vida.

Así es como el sistema con el que hemos sido creados administra las energías: todo lo que lanzamos será devuelto a nuestras vidas por personas, situaciones o casos envuelto en tristezas, alegrías o recompensas.

Somos la inteligencia de Dios

En el cosmos todo es perfecto y justo; en nuestra vida todo está destinado a ser igualmente perfecto y justo: "como es arriba es abajo".

La función de los chakras es distribuir por el cuerpo de manera correcta la energía de la fuente que nos alimenta mientras tenemos vida.

A nivel energético el corazón también es un chakra, una flor de luz que distribuye por todo el organismo la energía necesaria para existir.

Desde él la vida comienza y termina en el ciclo terrenal. Por eso, el corazón debe ser el punto más importante de nuestra atención.

Por medio de él nos nutre una luz que desciende del corazón cósmico y se transporta por un cordón cristalino que pasa por el centro de la cabeza hasta anclarse en cada corazón, provocando que los latidos bombeen la sangre que fluirá por el cuerpo toda la vida, hasta que el tiempo establecido por la leyes determine retirarlo de manera natural.

> *Antes que la cadena de plata se quiebre, y se rompa el cuenco de oro, y el cántaro se quiebre junto a la fuente, y la rueda sea rota sobre el pozo; y el polvo vuelva a la tierra, como era, y el espíritu vuelva a Dios que lo dio.*
>
> Eclesiastés 12:6-7

El cuenco de oro, sin duda, es el corazón, el recipiente dorado donde se incrustan valiosas gemas y piedras preciosas cuando las acciones nobles se materializan; la copa que se llena y se bebe para embellecer y enaltecer el alma; el cáliz donde se vierte la luz más santa que existe en esta dimensión; el recordatorio de la alianza nueva y eterna que permite centrarnos en el objetivo de regresar al Paraíso.

Es el cáliz que recibe, bebe y reparte la imagen y semejanza del Creador; es la victoria de la redención.

El nutriente de las bondades celestiales, la fuerza para ganar cada batalla contra la conciencia humana y la debilidad de la carne, que se hizo carne para alcanzar la gloria.

La bebida de aquellos que se convirtieron en santos; el elíxir bebido en sorbos para disfrutar el sabor de las virtudes que lo componen; es el latido de los galopes que están llegando a cada línea del reloj.

Es el baño de la pureza, es el brillo del Sol, la protección del Alfa y el arrullo de la Omega.

Existe un macrocosmos que se ancla en el microcosmos de cada pecho que respira cada segundo el aliento más sagrado del Espíritu Santo, fuerza divina que nos mantiene tras las manecillas del reloj girando como las ruedas que van formando los ciclos de los ciclos.

Somos los pensamientos que se mueven y los deseos que salen desde el corazón para llegar al lugar que les corresponde.

El cuenco que guarda el agua para darle de beber a cada chakra, sediento y agotado de tantos caminos mal andados.

Los chakras nos llevan al camino del perdón para entrar a una vida donde el equilibrio nos llena de glorias y victorias.

Ezequiel en su visión los vio como ruedas sobre ruedas (Ezequiel 1:16) y los hindúes los llaman *chakras*, que significa *círculos* o *discos* en sánscrito.

Son centros de luz afianzados en el cuerpo etérico que gobierna el flujo de energía hacia los cuatro cuerpos inferiores del hombre.

El sánscrito es una lengua clásica de la India documentada como una de las lenguas indoeuropeas más antiguas. Actualmente se usa como lengua litúrgica del hinduismo, el budismo y el jainismo, otra religión hindú. En este idioma se escribieron los textos clásicos del hinduismo; literalmente significa "perfectamente hecho". Se emplea principalmente como lengua ceremonial en los rituales sagrados en la forma de himnos y mantras.

Estas ruedas deben mantenerse girando para que distribuyan por el templo corporal todas las virtudes que lo componen.

Conocer el orden correcto de las cosas es parte de la enseñanza para dar, recibir y comprender a la vida que perdona y es perdonada.

Todos estamos compuestos por centros de energía invisibles para la mayoría de los ojos humanos, que se ubican a lo largo de la columna vertebral de la siguiente manera:

Coronilla-amarillo dorado-domingo-segundo rayo

Tercer ojo-verde esmeralda-miércoles-quinto rayo

Garganta-azul zafiro-martes-primer rayo

Corazón-rosa brillante-lunes-tercer rayo

Plexo solar-rubí con destellos dorados-jueves-sexto rayo

Sede del alma-violeta intenso- sábado-séptimo rayo

Chakra de la base-blanco refulgente-viernes-cuarto rayo

Estos son los siete rayos de Dios que son depositados con plena confianza en todo nuestro ser. Cada color comprende un grupo de virtudes para que sean expresadas dentro del tiempo límite que tiene el alma en su paso por la Tierra.

El libre albedrío es el que determina el gran trabajo de estos centros de energía.

Mantenerlos girando permanentemente se considera una gran habilidad que se desarrolla más fácilmente cuando se conocen la función, la vibración y las virtudes de cada uno de estos chakras, centros de energía o escaleras de conciencia.

Sin embargo, antes de profundizar más en este tema, es importante conocer la relación que hizo el maestro Jesús sobre el perdón, el siete, el diez y los siete chakras.

> *En aquel tiempo se acercó a Jesús un letrado y le preguntó: "¿Cuál es el primero de todos los mandamientos?". Jesús le contestó: "El primero es: Escucha, Israel, el Señor, nuestro Dios, es el único Señor, y amarás al Señor, tu Dios, con todo tu corazón, con toda tu alma, con toda tu mente y con todas tus fuerzas. El segundo es: Amarás a tu prójimo como a ti mismo. No existe otro mandamiento mayor que estos".*
> Marcos 12:28-34

La interpretación en estos tiempos en los que se habla de chakras, conciencia, ley de atracción, karma y salud, sería:

Ama al Señor tu Dios con toda la fuerza de tus chakras, trabajados con dedicación para

llegar a la perfección de cada uno, logrando
la excelencia en tu ser, y desde ahí ama a tu
prójimo como a ti mismo.

Jesús nos muestra en esta enseñanza una clara influencia del hinduismo en su doctrina, pero es más claro relacionarlo con esta práctica cuando se investiga más a fondo sobre los años perdidos de Jesús.

Sobre este tema han escrito Nicolás Notovitch, periodista ruso (1894); Mirza Ghulam Ahmad, líder religioso (1835-1908); Levi H. Dowling (1844-1911); Swami Abhedananda (1866-1939) y Nikolái Roerich (1874-1947).

Y el fabuloso libro de la mensajera de los Maestros Ascendidos, Elizabeth Clare Prophet, *Los años perdidos de Jesús*,[7] con pruebas documentales de los diecisiete años que Jesús pasó en Oriente.

Todos sabemos por los Evangelios que la vida de Jesús deja de mencionarse en las Escrituras a partir de los doce años, para reaparecer a los treinta, aproximadamente.

A los doce años:

Hablaba con los maestros de la ley con gran
sabiduría e inteligencia, asombrando a cuan-
tos lo escuchaban.

Lucas 2:41-52

---

[7] Elizabeth Clare Prophet, *Los años perdidos de Jesús*, Summit University Press.

Cuando se supone que inició su ministerio, después de ser bautizado por Juan en el río Jordán, a la edad de aproximadamente 30 años (Lucas 3:23).

Se dice que salió de su país a los trece años, edad en la que la religión judía considera al hombre completamente responsable de sus actos.

Por tanto, son diecisiete años de la vida de Jesús que no se mencionan en las Escrituras, en las que solo se dice que "seguía creciendo en estatura e inteligencia" (Lucas 2:52).

Sin embargo, existen escritos documentados que nos relatan los viajes de Jesús a la India y al Tíbet durante esos años que dejan de mencionarse.

En su libro *El santo Issa* (nombre de Jesús en tibetano), Notovitch nos relata que un lama le dijo que en los archivos de Lhasa, capital del Tíbet, sede del Dalai Lama, había unos rollos con un antigüedad de unos dos mil años, en los que se hablaba de la vida del profeta Issa. Este periodista logró ganarse la confianza de los monjes al punto de que le mostraron una biografía de Issa, la cual consta de 244 versos.

También Elizabeth Clare Prophet, en la colección *Enseñanzas perdidas de Jesús*, que consta de varios tomos, nos habla de manera más amplia sobre este tema con información basada en los documentos budistas descubiertos, en los que se habla sobre la vida de un profeta que llegó de Israel y al que se le nombró Issa.

Los antiguos manuscritos budistas afirman que Jesús pasó sus "años perdidos" en Oriente. Esos textos fueron escritos en pali, la lengua sagrada del canon budista Theravada, y más adelante serían traducidos al tibetano.

A partir de estos textos se ha configurado una cronología de los viajes de Jesús. A los trece años emprende un viaje hacia Sind (región del sudeste de Pakistán, en la parte inferior del valle del río Indo).

La vida del santo Issa narra:[8]

> *Cuando Issa alcanzó la edad de trece años, la época en que un israelita puede tomar esposa, la casa en donde sus padres se ganaban la vida con un oficio modesto empezó a ser lugar de reunión de ricos y nobles deseosos de tener como yerno al joven Issa, famoso ya por sus discursos edificantes en nombre del Todopoderoso.*
>
> *Fue entonces cuando Issa abandonó la casa de sus padres en secreto, se fue de Jerusalén y partió con los mercaderes hacia Sind, con el objetivo de perfeccionarse en la Palabra Divina y estudiar las leyes de los grandes Budas.*

Por lo anterior podemos ver que a pesar de que el hijo de Dios venía con todos los dones encarnados para cumplir su misión, eso no fue una excusa para que dejara de prepararse.

---

[8] Elizabeth Clare Prophet, *Los años perdidos…*, *op. cit.*

Su enseñanza debía ser correctamente comprendida en todas las culturas y en todos los tiempos, así como en todas las religiones posibles. Al darse cuenta de eso decidió conocer más idiomas, ideas y conceptos para acomodarlos correctamente a su sabiduría y a su misión.

> *La sabiduría proviene de Dios, pero el conocimiento es fruto de la educación.*
> Elizabeth Clare Prophet

El hinduismo es más antiguo que el cristianismo y en aquellos tiempos las enseñanzas de la India tenían gran fama por todas partes.

En los escritos documentados se refiere que Jesús, de religión judía, estudió en Nepal las tradiciones hindúes y budismo con los lamas.

Al estudiar el budismo nos damos cuenta de que tiene grandes rituales que lo convierten en un gran complemento para las doctrinas que acompañan al alma en evolución.

Las leyendas se guardan secreta y precavidamente. Es difícil sondearlas, pues los lamas saben cómo guardar silencio. Solo por medio de un idioma común —y no una simple lengua hablada, sino también una compresión interior— puede uno abordar sus misterios significativos.[9]

[9] Elizabeth Clare Prophet, *Los años perdidos...*, *op. cit.* p. 298.

Esta es una de las grandes razones por las que podemos inspirarnos para seguir perfeccionando nuestra sabiduría con gran educación en los temas que alimentan el alma.

Algunos de estos escritos se fueron perdiendo a lo largo de miles de años, pero otros fueron intencionalmente ocultados.

El abuso de poder en la política y la religión sigue siendo un fuerte bloqueo para la evolución y el desarrollo pleno de la humanidad, ya que desde los tiempos de Herodes hasta el día de hoy la ambición juega con las creencias de los seres humanos exprimiéndoles hasta la última gota de luz, quitándoles las herramientas para lograr la plenitud que da el conocimiento y así alcanzar la meta de una larga vida llena de logros.

Entre más tiempo se mantengan en la Tierra los corazones plenos, amorosos y resueltos, más tiempo podrán ayudar a Dios en sus evoluciones, evitando con la luz plena cualquier amenaza de la oscuridad.

Y para profundizar en la pureza de las enseñanzas que nos compartió en su ministerio, lo que encontramos, documentado o no, sobre los años perdidos de Jesús, coincide con lo que sabemos de él:

- Su desaparición en los Evangelios durante ese periodo.
- Era estrictamente disciplinado.
- Tenía la costumbre de apartarse a meditar solo.

Las razones de su partida hacia otras tierras pueden entenderse como parte de su preparación en diversas áreas y doctrinas para formar las suyas propias y enriquecer su herencia para nosotros.

- Por razones de educación y preparación (costumbres, idiomas y cultura).
- Para no poner en riesgo su misión quedándose en Jerusalén.
- Para aprender a trabajar en el comercio que se desarrollaba en aquel entonces y cumplir las responsabilidades que le correspondían mientras se hacía adulto.

Estar de acuerdo o no con esto no aumenta nuestra bondad o sumisión, y tampoco se trata de eso: lo importante es, a partir de la información documentada, crear respeto, ejemplo y admiración por el trabajo del Maestro.

Jesús no se encerró nada más en sus creencias, ni en las influencias externas, siguió la pureza de su corazón y la percepción de su alma.

Se dice que salió de Jerusalén como parte de un grupo de mercaderes con su tío abuelo, José de Arimatea, quien se hizo cargo de su cuidado desde los trece años.

José de Arimatea es un personaje bíblico que, según la tradición cristiana, era el propietario del sepulcro en el cual fue depositado el cuerpo de Jesús después de la crucifixión.

Otras tradiciones le atribuyen el traslado del Sudario, el Grial y otras reliquias desde la ciudad de Jerusalén a otros sitios en la cuenca del Mediterráneo.

José de Arimatea era hermano menor de Joaquín, el padre de la Virgen María, lo que lo convierte en tío abuelo de Jesús. Se convirtió en tutor del nazareno después de la temprana muerte de san José, el esposo de María. Era miembro del Sanedrín, el tribunal supremo de los judíos, y decurión del Imperio romano, una especie de ministro encargado de las explotaciones de plomo y estaño.

Un "hombre rico", según san Mateo; un hombre "ilustre", según san Marcos; "persona buena y honrada", según san Lucas; "discípulo de Jesús", según san Mateo, "pero clandestino por miedo a las autoridades judías", según san Juan.[10]

Toda esta información es para comprender de manera más profunda las enseñanzas de Jesús aplicadas al hombre con la sabiduría de su Padre.

Conocer diferentes idiomas, costumbres y doctrinas expande el panorama de nuestra visión; permite enriquecer y perfeccionar el carácter, la cultura, el gusto; ayuda a definir las prioridades complementando las virtudes naturales del alma.

Preparar un viaje importante es una gran aventura para el alma. Las expectativas pueden ser o no cubiertas del todo, pero cuando se hace por razones o necesidades

[10] Tomado de Wikipedia.

personales, la adaptación implica un proceso importante en todo lo que se va descubriendo minuto a minuto, aprendiendo a digerirlo de la manera más sana y menos sorpresiva para el viajero.

Los años que Jesús vivió en aquellas tierras lo ayudaron a madurar y a conformar la estructura de su misión para llevarla a cabo en el tiempo que correspondía. Aprendió a trabajar en equipo para saber cómo instruir a sus apóstoles aportándoles conocimiento y disciplina, comprendiendo en un proceso más profundo la importancia de su trabajo y el gran compromiso que había adquirido con todos y cada uno de nosotros.

El conocimiento es parte fundamental en el proceso de maduración.

Durante la ausencia de Jesús, en Jerusalén los profetas continuaban su labor espiritual predicando y bautizando los cuerpos de aquellos que buscaban la limpieza del alma.

En la actualidad, los hindúes siguen usando sus ríos como baños sagrados de purificación.

Báptisma proviene del griego y significa "inmersión" o "sumergir". Antes de ser incluido en los sacramentos o rituales del cristianismo, ya se acostumbraba entre los profetas y personajes bíblicos que manejaron la espiritualidad de aquellas tierras, cuna de grandes religiones.

> *Y puso la fuente entre el tabernáculo del testimonio y el altar; y puso en ella agua para lavar.*

Y Moisés y Aarón y sus hijos lavaban en
ella sus manos y sus pies.

Cuando entraban en el tabernáculo del
testimonio, y cuando se llegaban al altar,
se lavaban; como Jehová había mandado a
Moisés.

Éxodo 40:30-32

Los ríos también se usaban para este ritual de purificación, especialmente para los extranjeros que no habían sido circuncidados[11] antes de instalarse en Jerusalén, particularmente aquellos que venían de la Palestina antigua.

También se usó como símbolo de limpieza espiritual por grandes profetas como Juan el Bautista; sin embargo, no fue sino hasta que Jesús, el hijo de Dios, se bautizó en el Jordán cuando este ritual cobró un gran significado para el desarrollo del alma a través de la gracia del Espíritu Santo.

Dijo Dios a Abraham: "Mas tú cuida Mi
pacto; tú y tu descendencia después de ti,
por las generaciones.

Este es Mi pacto que cuidarán, entre Mí
y entre vosotros y entre tu descendencia des-
pués de ti: se circuncidará de vosotros todo

---

[11] Ritual judío llamado *Brit Milá*, en el que un rabino corta parte del prepucio de los varones a los ocho días de nacidos, como símbolo de la alianza de Abraham con Dios.

varón. Circuncidaréis la carne de vuestro prepucio, y será la señal del pacto [existente] entre Mí y entre vosotros.

Génesis 17:9-11

En aquellos días vino Juan el Bautista predicando en el desierto de Judea, y diciendo: "Arrepentíos, porque el reino de los cielos se ha acercado.

Pues este es aquel de quien habló el profeta Isaías, cuando dijo: 'Voz del que clama en el desierto. Preparad el camino del Señor, enderezad sus sendas'".

Y Juan estaba vestido de pelo de camello, y tenía un cinto de cuero alrededor de sus lomos; y su comida eran langostas y miel silvestre.

Y salía a él Jerusalén, y toda Judea, y toda la provincia de alrededor del Jordán, y eran bautizados por él en el Jordán, confesando sus pecados.

Al ver él que muchos de los fariseos y de los saduceos venían a su bautismo, les decía: "Generación de víboras. ¿Quién os enseñó a huir de la ira venidera?

"Haced, pues, frutos dignos de arrepentimiento, y no penséis decir dentro de vosotros mismos: 'A Abraham tenemos por padre; porque yo os digo que Dios puede levantar hijos a Abraham aun de estas piedras.

"Y ya también el hacha está puesta a la raíz de los árboles; por tanto, todo árbol que no da buen fruto es cortado y echado en el fuego.

"Yo a la verdad os bautizo en agua para arrepentimiento; pero el que viene tras mí, cuyo calzado yo no soy digno de llevar, es más poderoso que yo; él os bautizará en Espíritu Santo y fuego.

"Su aventador está en su mano, y limpiará su era; y recogerá su trigo en el granero, y quemará la paja en fuego que nunca se apagará".

Entonces Jesús vino de Galilea a Juan al Jordán, para ser bautizado por él.

Mas Juan se le oponía, diciendo: "Yo necesito ser bautizado por ti, ¿y tú vienes a mí?".

Pero Jesús le respondió: "Deja ahora, porque así conviene que cumplamos toda justicia". Entonces le dejó.

Y Jesús, después que fue bautizado, subió luego del agua; y he aquí los cielos le fueron abiertos, y vio al Espíritu de Dios que descendía como paloma, y venía sobre él.

Y hubo una voz de los cielos, que decía: "Este es mi Hijo amado, en quien tengo complacencia".

Marcos 1:1-8; Lucas 3:1-9,15-17;
Juan 1:19-28

Es muy probable que su regreso a Jerusalén después de diecisiete años de ausencia haya ocurrido este evento, pues ahí es justo donde se vuelve a mencionar a Jesús en las Escrituras.

Quizá también ya estaba siendo esperado por su primo Juan, por eso deseaba con tanto fervor que fuera Jesús quien lo bautizara.

> *Mas Juan se le oponía, diciendo: "Yo necesito ser bautizado por ti, ¿y tú vienes a mí?".*

Varios textos del cristianismo dicen que fue en ese momento cuando Jesús inicio su ministerio. Cuando el Espíritu Santo (el aliento sagrado) descendió sobre su cabeza y la voz de Dios lo reconoció ante todos los presentes como su hijo.

> *Este es mi hijo amado, en quien tengo complacencia.*

A partir de entonces Jesús se dedicó a predicar en las sinagogas de Galilea, así como a sanar a todo tipo de enfermos que venían a visitarlo de los alrededores con la esperanza de que curara sus cuerpos y sus almas.

Hablaba con tal maestría que cuantos lo escuchaban lo seguían en cada paso que daba; estar cerca de Él era estar cerca de las grandes llamas de la iluminación. Preparado, congruente, disciplinado, educado, humilde y sabio, nos dejó mucho trabajo por hacer.

Las enseñanzas de Jesús son las más completas para hablar sobre el acto de perdonar, por la importancia que tenían para Él los dos primeros mandamientos:

Nuestro Dios, es el único Señor, y amarás al Señor, tu Dios, con todo tu corazón, con toda tu alma, con toda tu mente y con todas tus fuerzas.
El segundo es: Amarás a tu prójimo como a ti mismo. No existe otro mandamiento mayor que este.

Marcos 12:28-34

En el amor está el acto de la transformación del ser. Aquellos que todavía no han logrado llenar con la pureza de este sentimiento sus corazones, siguen dominados por sus propios errores, llenos de limitaciones dolorosas.

Es el corazón, que bombea el tiempo y sus memorias, el que corre por los pasillos interminables de la evasión, creyendo que nunca se detendrá, buscando puertas donde las altas paredes lo encierran en el laberinto de la propia crueldad.

Es el corazón que, cansado de latir sin llegar a ningún lado, decide trabajar en eso que tanto le pedían y que tanto descuidó, en eso que cuando se quedó vacío supo que a pesar de todo lo llenaba Dios; eso que nunca entendió y que hoy lo llama con tanta vehemencia, el Amor.

Es el acto más puro en los niños, en los santos y santas, en el ser apartado de todo aquello que le interrumpa el gozo de este sentimiento. Es también la virtud ganada de aquellos que aprendieron a perdonar setenta veces siete.

Bendita sea la fe que nos mueve, que nos lleva a buscar el camino de la paz. La fe que ha construido los más grandes templos y las más grandes historias culminadas en la gloria de Dios. Somos la fe que se mueve de montaña en montaña hasta llegar a orillas de aquel río donde el alma muchas veces pareció hundirse, donde la arena marcó hasta el cansancio el camino de regreso al Paraíso.

◉ Seamos sensibles y al mismo tiempo cabales.
◉ Seamos tranquilos y al mismo tiempo constantes.
◉ Seamos buenos y al mismo tiempo justos.
◉ Tengamos fe.

La alquimia del perdón

La alquimia se define como el poder de transformar algo común en algo especial. Los alquimistas eran aquellos que transformaban los metales comunes y corrientes en oro puro.

Quienes pasan por el proceso del perdón se van convirtiendo en alquimistas, al transformar con sus propias energías la baja calidad de la conciencia en el brillo dorado de la sabiduría.

Todos hemos nacido con este don; el conocimiento es la herramienta para recuperar cada gota de nuestro poder, el poder divino que rescata al alma del hundimiento de la ignorancia y el caos de la infelicidad.

Es en el corazón donde está el "altar" de nuestro templo; es el lugar donde se "alteran" todas las energías humanas para convertirlas en divinas; es el laboratorio del alquimista que trabaja todo el día en la conversión de sus metales bajos en el oro puro de la conciencia de Dios.

Visualicemos el corazón como una joya rosada que brilla con doce pétalos; en cada pétalo se sostiene una virtud de Dios, que forma parte de las doce iniciaciones del alma en la Tierra.

El doce es un número iniciático. Recordemos que marca los ciclos del tiempo en la Tierra, las doce manecillas del reloj, los doce signos zodiacales. Eran doce apóstoles principales a los que instruyó Jesús, así como doce tribus en Israel que fueron constituidas por la descendencia de sus patriarcas.

Es en el número doce donde empieza y acaba un ciclo de vivencias del alma. Donde las iniciaciones importantes suceden en nuestra vida.

Una "iniciación" es una experiencia en la que se pondrán a prueba todas las capacidades del alma ante situaciones, esperadas o inesperadas, pero claves para ser resueltas y con ello subir niveles importantes que nos llevan hacia la conciencia de Dios.

La primera comunión es un iniciación así como el *bar mitzvá* en la religión judía. El matrimonio bendecido por Dios en cualquier religión es una iniciación por la que se pasa para desarrollar las habilidades entre dos.

Existen varias iniciaciones para el alma que está creciendo en la Tierra, y todas ellas son el comienzo de algo nuevo para el desarrollo de las mejores habilidades del ser.

Cada doce años también se nos presentan iniciaciones con pruebas importantes, empezando por los primeros doce años, edad en la que desciende el paquete de deudas o karma que se vienen a resolver en esta vida, el cual puede disolverse con buenas acciones, oraciones y el servicio a los demás.

Cada prueba tiene como objetivo desarrollar el correcto manejo de las energías en cada momento y bajo cualquier circunstancia.

Esta es una de las razones por las que no se debe descuidar la relación con nuestro Dios Padre-Madre.

La vida es regresar cíclicamente a ellos, y la preparación y el logro se tienen que adquirir a cada momento, sin esperar que nada malo que se presente en la vida nos aleje de ellos; que la razones máximas sean el libre albedrío y la gratitud de tener esa gran oportunidad.

La meta es esa: unirnos al corazón de Dios Padre-Madre dentro de la ley de los ciclos.

Los griegos utilizaban la palabra "pecado" para designar el incumplimiento de las metas.

Origen conceptual del pecado

El término griego *Hamartia* se traduce como "error trágico", fallo o pecado: "fallo de la meta, no dar en el blanco". Los escritores griegos solían utilizar la forma verbal *hamartánō* con respecto al lancero que erraba el blanco, y por implicación aludía al concepto de vivir al margen de un código moral o intelectual tenido por meta ideal, debido a una actitud errónea, consciente o inconscientemente.

Vivir en pecado es vivir lejos de las metas con las que ha nacido cada alma; las metas son el cumplimiento de las dos primeras leyes para que las demás sucedan por consecuencia.

Desarrollar el amor solo puede hacerse dentro de un corazón limpio y eso es posible cuando el tiempo y la atención se dedican a este propósito.

Un corazón impuro no le sirve ni a Dios ni al hombre.

Los chakras desarrollan salud o enfermedad desde las experiencias que se viven a lo largo del ciclo terrenal. Unos son adultos y otros son niños.

Esto quiere decir que algunos chakras tienen la capacidad de desenvolverse como una persona adulta madura y los otros conservan la inocencia, la sensibilidad e ingenuidad de un niño, sin importar la edad de la persona. Pero el resultado final de ambos es desarrollar un adulto maduro dentro de un niño feliz.

Aunque para nuestros Padres cósmicos siempre seremos sus "niños", todos venimos a trabajar en la madurez del alma.

Los chakras que sostienen la conciencia del niño interno, cuando se lastiman por alguna experiencia dolorosa por lo general quedan más afectados en su funcionamiento, expresando al niño triste y lastimado en todas las conductas posteriores del individuo.

O lo contrario, cuando son personas resueltas, al ser adultos o ancianos por lo general nunca dejan de sonreír como lo hace un niño; inclusive conservan algunas conductas que, aunque pase el tiempo, siempre disfrutan con alegría sincera como lo hacen los pequeños.

Conocer qué chakras sostienen la conciencia adulta y cuáles la conciencia del niño interno ayuda a poner más atención en el cuidado de cada uno para su sanación individual.

Recordemos que son escalones que sostienen virtudes, vibraciones en colores, formas y movimientos haciendo que se conviertan en los "siete planos de conciencia."

Los chakras son energías en movimiento que lanzan y atraen otras energías: por la ley del círculo, lo que sale de cada uno regresará.

Conoce tu escalera al Paraíso

El orden de los escalones que veremos a continuación no tiene nada que ver con el número de los rayos divinos. La explicación que se da aquí es tal cual se haría con una escalera real.

SÉPTIMO ESCALÓN

Chakra de la coronilla. Es adulto. Tiene 972 pétalos.

Es el que nos ayuda a pensar, resolver, decidir y ampliar los horizontes. Desarrolla el conocimiento, la sabiduría, la humildad, la imparcialidad (mente abierta), la comprensión y la conciencia cósmica.

Cuando está bloqueado, la percepción del individuo se manifiesta en orgullo intelectual y espiritual, en vanidad, intelectualismo, egocentrismo, estrechez de miras, ignorancia y superstición.

Su ubicación está en la cabeza, a la altura de la coronilla, donde a través del bautismo se purifica el templo corporal, abriendo el chakra para alimentar a los demás chakras con la pureza bautismal. Su vibración determina la salud del sistema nervioso.

El trabajo para encontrar la perfección es: "Crear unidad a partir de la diversidad".

El instrumento que lo estabiliza: los de cuerda (no se recomiendan tríos, ya que las vibraciones originales cambian mucho).

Sus pétalos se abren para recibir la luz de Dios a través de la oración dorada, todo aquello que conecte con el brillo de Dios.

Lo afectan los traumas. La psicología es parte de este centro; atenderla adecuadamente es parte de su salud. Cuando la psicología está afectada es muy fácil caer en cualquier tipo de adicción o en relaciones destructivas, aquellas que van desintegrando la parte divina y original del ser.

Su sílaba de origen, el sonido que lo creó en sus vibraciones o el mantra "bija" para su protección y perfección es:

OM AIM HRIM SHRIM KLIM SOU HU OM
(Repetir nueve veces)

Para purificarlo y equilibrarlo:

OM
(Repetir nueve veces o en múltiplos de tres)

El arcángel que lo asiste es Jofiel, del rayo dorado de Dios.

Oración para recibir su asistencia

*Arcángel Jofiel, purifica mi mente, cárgame
con la luz de la sabiduría.*
(Repetir nueve veces)

Siempre que se emplea una oración, un mantra o una sílaba bija se nos recomienda hacerlo en múltiplos de tres, ya que la misma frase repetida cada tres veces libera una porción de la energía del amor del corazón de Dios.

Para que la disciplina que se escoja (el lector puede estructurar una disciplina que incluya varias oraciones en orden y sus respectivas repeticiones, mantras y ayunos) funcione mejor, se recomienda practicarla por cuarenta días, de preferencia a una misma hora, para cerrar un ciclo de veinticuatro horas de trabajo espiritual. Debe estar siempre dedicada a Dios para lograr algún beneficio importante para el alma o una meta que se necesite alcanzar (sanar, salvar el matrimonio, encontrar un buen trabajo, un buen esposo/esposa, resolver problemas económicos y todo aquello que solo un "milagro" podría resolver).

El número cuarenta nos cambia la conciencia en su más alto nivel. Una practica espiritual que se lleva a cabo durante cuarenta días garantiza cambios absolutos en la conciencia del ser y todo su exterior, ya que la conciencia humana se va depurando para encontrarse con la conciencia de Dios.

Si una persona escucha la misma canción repetidamente, la letra entrará a su conciencia de tal forma que su conducta adoptará los sentimientos que genera la canción y los expresará en sus acciones. Es importante conocer este aspecto para ser más selectivos en los mensajes que se encuentran en la letra de las canciones, los cuales también afectan, para bien o mal, la psicología y el chakra de la coronilla.

Es importante tener fuerza de voluntad para dejar de escuchar canciones que entristecen, molestan, enojan, deprimen, degradan los valores, insultan, maldicen y atentan contra la mujer, el hombre, la familia o la sociedad. Todas estas energías se guardan en el subconsciente y dañan el diseño original de la conciencia de Dios en cada alma.

Cuando repetimos una oración, un mantra o una plegaria en la que en cada palabra hay una buena cantidad de luz contenida, el subconsciente va reconociendo poco a poco su creación original y recordando su verdadera esencia, recuperándose de tanta irrealidad y mentiras adoptadas.

También se recomienda la oración del maestro Kutumi, que se encuentra en la sección de oraciones al final de este libro, para expandir el aura y sanar toda la información equivocada que está guardada en el inconsciente, subconsciente, consciente y supraconsciente. Recordemos que es la misma oración que se emplea para la liberación de adicciones, tanto personales como de algún familiar o amigo.

La doctrina del budismo alimenta de manera importante a este centro de luz.

━━◆━━

SEXTO ESCALÓN

Chakra del tercer ojo. Es adulto. Tiene noventa y seis pétalos. Su brillo destella el verde esmeralda más hermoso.

Contiene las vibraciones de la verdad, la curación y la visión divina del ojo único. Es el que nos ayuda a ver la realidad divina ante cualquier situación. Se encuentra en el entrecejo, debajo del chakra de la coronilla, y cuando vibran al mismo ritmo y sintonía nos conecta con el impresionante reino de la mente superior y sus destellos de profundidad, ingenio y originalidad. Nos ayuda a ver el interior de uno mismo, a desarrollar la intuición, a ser perceptivos cuando estamos vibrando en equilibrio.

Cuando hay ausencia de luz en los destellos esmeraldas, manifiesta cualidades en desequilibrio como: falsedad, falta de visión, crítica mental, falta de claridad, inconstancia, empobrecimiento espiritual y económico.

Lo afectan las películas de terror, las fotos amarillistas y cualquier tipo de pornografía.

Trabajo para encontrar la perfección: "Mantener una visión de integridad".

La lámpara del cuerpo es el ojo, así que si tu ojo
es bueno, todo tu cuerpo estará lleno de luz.

Jesús

Instrumento que lo estabiliza: el piano.
Los pétalos cerrados se abren con la vibración de los siguiente mantras.

Para purificación y equilibrio:

OM NAMAHA
(Repetir nueve veces)

Para protección y perfección:

OM KRIM NAMAHA
(Repetir nueve veces)

Para expandir luz:

SHRIM

Arcángel que lo asiste: Rafael, el rayo verde de Dios, con cualidades curativas.

Oración para recibir su asistencia

Arcángel Rafael, séllame en la forma de
pensamiento curativa.

Yo soy la resurrección y la vida de mi
salud perfecta manifiesta ahora.

La religión que lo nutre es el confucianismo.
Es recomendable leer sobre las bases de esta religión
para expandir la visión interna.

QUINTO ESCALÓN

Chakra de la garganta. Es adulto. Tiene dieciséis pétalos. Es azul zafiro brillante.

Sus pétalos contienen las vibraciones de poder, voluntad, fe, protección, dirección, valentía y obediencia.

Está debajo del chakra del tercer ojo en el cuello.
Sus vibraciones emiten los sonidos de las palabras y sus
emociones. Cuando se usa bien este chakra puede ser
una gran diferencia en nuestras vidas, ya que la oración
que se realiza con fe cambia todo aquello que no está
en armonía con el consciente.

Cuando este chakra está fuera de equilibrio ex-
pulsa vibraciones destructivas dentro de la charla
frívola, chismorreo, obstinación, importancia ante
lo que no lo es, cobardía, duda, control humano y
condenación.

Su trabajo es "Reunir el poder interior para crear
cambios constructivos".

Todos los instrumentos de viento metálicos lo
equilibran.

Los pétalos se abren para recibir la luz de Dios con los siguiente mantras.

Para purificación y equilibrio:

OM HAN NAMAHA

Para protección y perfección:

OM SOU HU NAMAHA

Para expandir la luz:

SOU HU

En este chakra se conecta el arcángel Miguel para desarrollar en el alma la fuerza de voluntad tan necesaria para dominar a los cuatro jinetes que amenazan diariamente la estabilidad personal y del mundo.

Oración a Miguel

Arcángel Miguel, ayúdame, ayúdame, ayúdame. "Carga, carga, carga (menciona alguna preocupación para que él cargue esa energía)... *y que la victoria sea proclamada".*
(Repetir nueve veces solo lo que está entre comillas.)

Los ayunos de silencio son necesarios para su purificación. Se recomiendan por lo menos una vez a la semana. Se deberá mantener silencio por una hora, o más, sin hablar absolutamente nada.

La oración es un gran nutriente para este chakra; por medio de ella el mundo del individuo, y nuestro mundo planetario, cambia a bien siempre y cuando sea emitida desde la devoción, la fe y la constancia.

Las oraciones a san Miguel que compartimos al final de este libro crean desde nuestro poder divino las energías de protección, fe y voluntad. Tres virtudes necesarias para la vida diaria.

La religión que más lo nutre es el judaísmo. Se recomienda conocer la filosofía, doctrina y rituales de esta religión madre, que dio nacimiento al cristianismo. Recordemos que durante mucho tiempo fuimos judeocristianos.

Los Diez Mandamientos tienen su origen en Moisés, uno de nuestros primeros patriarcas judíos, los que fueron respetados y propagados con mayor profundidad por el maestro Jesús.

❧

CUARTO ESCALÓN

Chakra del corazón. Es adulto-niño. Puede ser muy maduro en sus acciones y a la vez niño en sus expresiones.

Tiene doce pétalos y cada uno destella el rosa brillante del corazón de Dios con sus doce virtudes, que son las encargadas de alimentar de manera más específica a los otros chakras, los que están por arriba y por debajo del corazón.

Todos los escalones son importantes, pero consideremos que este es más importante que los demás por contener las virtudes del corazón de Dios, que nos hacen a imagen y semejanza suya.

Estas virtudes se enumeran en el siguiente orden y van girando en dirección a las manecillas del reloj para su sana distribución en todos los ciclos de la vida del individuo. Cada signo zodiacal ha nacido con una en especial y es patrocinado por la luz de un maestro ascendido y están ordenados como sigue:

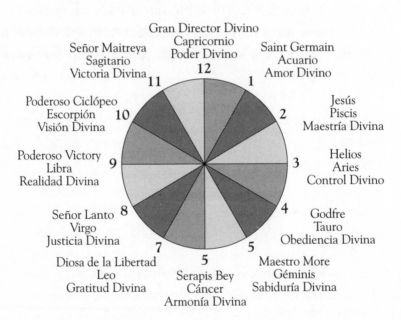

Identifica qué virtud tiene tu signo zodiacal y trabájala diariamente en tus acciones. Entre muchas otras cosas hermosas has nacido para ser esa parte especial de Dios.

Si lo deseas puedes investigar más acerca de los nombres de los maestros ascendidos que acompañan a cada signo. La información que encuentres debe tener el sello de Summit University para que sea una fuente confiable.

Todas estas virtudes están vibrando en el corazón de los hijos e hijas de Dios y están listas para ser expresadas en conjunto en todas sus manifestaciones.

Cuando los pétalos están cerrados, el individuo lo manifiesta en odio, antipatía, egoísmo, negligencia, lástima de sí mismo y de los demás.

La lástima devalúa los valores divinos del alma, la compasión los rescata y los respeta.

Este chakra es el encargado de un buen sistema circulatorio y un corazón saludable.

En su parte equilibrada, un corazón con los pétalos girando al ritmo del universo expresa amor, compasión, belleza, abnegación, sensibilidad, gratitud, comodidad, bienestar, creatividad, caridad y generosidad.

Trata todos los días de practicar al menos una de estas virtudes en equilibrio.

Los corazones que no perdonan no solo se dañan a sí mismos, también dañan a las almas con las que han venido a resolver en amor y gratitud.

El odio que generan es el veneno del mundo; quienes lo beben se van consumiendo en sus efectos, creando modelos de conductas nocivas, heredadas a la sociedad a través de los medios de comunicación irresponsables, o por las mismas familias que se pasan de generación en generación.

Todo este odio lo llevan en el fanatismo y todas sus maldiciones, aplicado en ídolos musicales, religiones y entretenimientos masivos.

El fanatismo es una creación de los demonios que absorben la luz de la compasión divina, haciendo que la agresión sea la que rige la creencia.

La maldición es un modelo de pensamiento geométrico pero inverso al de la bendición. El odio es una maldición.

La brujería es un modelo creado por la envidia y los celos. También se puede hacer brujería con pensamientos mal intencionados.

Es importante hacer oraciones al arcángel Miguel para que corte cualquier maldición y brujería que hayan emitido tu corazón y tu mente, o que haya sido lanzada hacia ti por alguien más.

Recuerda siempre: lo que sale del corazón, por la ley del círculo tiene que regresar ahí.

Oración de luz para aliviar al corazón agobiado por sus propias energías

Yo soy el fuego sagrado del amor de Dios
consumiendo toda energía hiriente, dolorosa,
molesta, antipática y odiosa que haya sido
lanzada desde mi centro a cualquier parte

de la vida sagrada. Envuelvo mi corazón en
los fuegos rosados y violetas de Dios Padre-
Madre sanándome con el gran poder de la
belleza y misericordia divinas. Reconozco
como parte de mi proceso que los errores
son para vivir las consecuencias, y con
ello cambiar la conciencia hacia un lugar
perfecto, donde mi alma se identifique
plenamente con la conciencia divina.

   Yo soy un hijo de Dios en evolución,
aprendiendo a dar y a recibir amor, solo
amor y más amor, porque el amor todo
lo transforma en su estado original de
perfección; en el amor todo es perfecto. Yo
soy el amor de Dios.

Esta oración puede hacerse antes de retirarse a dormir, por nueve días, o los que se deseen, para cambiar la conciencia humana sobre los conceptos del amor hacia la conciencia divina.

También puede hacerse cuando se vive en un estado de queja, antipatía, molestia o enojo por algo o alguien. Si este es el caso, deberá incluirse en las oraciones y decretos diarios que se escojan para el cambio de conciencia en la acción.

Al final del libro también compartimos las oraciones para san Miguel Arcángel para invocar su poder y cortar aquello que ata a las mentes y a los corazones atrapados en la oscuridad y sus estrategias.

Trabajo para encontrar la perfección: "Conviértete en el amor que actúa".

Mantra para equilibrarlo y purificarlo:

OM YAM NAMAHA

Mantra para protegerlo y perfeccionarlo:

OM AIM HRIM KILM CHAMUNDAYE VICHE

Mantra para expandir su luz:

KLIM

Oración al arcángel Chamuel

Arcángel Chamuel, intensifica el fuego del amor en mi corazón.

Instrumento que lo equilibra: el arpa.
La religión que lo nutre: el cristianismo.
El cristianismo tiene varias vertientes y en todas ellas se trabaja con las enseñanzas del maestro Jesús. En cualquiera que se escoja es importante estudiarla lo suficiente para sumar más causas al amor, nunca para encontrar razones que dividan en la ofensa, la crítica, la discriminación o la soberbia espiritual.

Frases para reflexionar en el amor

- Si en tu corazón no hay amor, no esperes mucho de la vida.
- Ante los ojos de Dios nada es sorprendente. Ante su corazón todo lo que hacemos es importante.
- La vida es muy bonita cuando la entendemos y muy hermosa cuando la vivimos con toda esta comprensión del amor.
- El veneno es tuyo; no pienso tomarlo ni compartirlo contigo de ninguna manera.
- Cuando estoy en armonía con la leyes, comprendo el idioma de Dios en eso que se llaman "corazonadas".
- El odio es una forma de mantener la conciencia atada a la Tierra, alejándonos de la conciencia cósmica.
- Cuando pida perdón tengo que asegurarme de que la otra parte lo necesita.
- La humanidad está más atada entre sí por las energías contrarias al amor.
- Todo lo que divide genera odio; todo lo que une induce al amor.

Todas estas frases son conclusiones a las que he llegado después de tomar algunos seminarios en Summit University, donde me he preparado en estos temas.

TERCER ESCALÓN

El chakra del plexo solar. Es niño. Su ubicación está a la altura del estómago hasta llegar al ombligo. Tiene diez pétalos.

Cuando este niño está desequilibrado expresa ira, nerviosismo, fanatismo, agresividad, egoísmo, indulgencia excesiva, miedo, ansiedad y pasividad.

Cuando logra su madurez se convierte en una persona llena de paz, con gran sentido de hermandad y servicio desinteresado; sus deseos son los correctos para su evolución; mantiene el equilibrio y es inofensivo.

Es el encargado del sistema digestivo, la salud en el páncreas y el hígado.

Trabajo para encontrar la perfección: "Caminar por la vida media del equilibrio".

"La vía media" se conoce como el punto donde la cuerda no tiene que estar ni muy estirada ni muy floja; es el punto donde el alma tiene que mantener su equilibrio ante cualquier adversidad.

En este tercer escalón se ponen a prueba los niveles de paciencia y tolerancia ante las dificultades de la vida. Su purificación y equilibrio es importante para no perder la gran oportunidad de llegar dentro del tiempo correcto al corazón de los Padres divinos.

Aquí se afianza la paz, una de las grandes enseñanzas del maestro Jesús:

Os he dicho estas cosas estando con vosotros.

Mas el Consolador, el Espíritu Santo, a quien el Padre enviará en mi nombre, él os enseñará todas las cosas, y os recordará todo lo que yo os he dicho.

La paz os dejo, mi paz os doy; yo no os la doy como el mundo la da. No se turbe vuestro corazón, ni tenga miedo.

Juan 14:25-31

Los conceptos de paz que hay en la conciencia de este mundo no son los que tienen el patrón original de la energía de la paz. Todo esto puede verse en los programa de televisión, películas, revistas, periódicos, en el racismo, la discriminación y los entretenimientos que separan a las conciencias.

El patrón original de la paz es la hermandad. Es necesaria la paz para llegar al Paraíso, y esta solo se obtiene trabajando en la perfección del amor.

El trabajo individual es mucho por tantos atrasos que se han permitido, pero si se tiene vida se tiene todavía la gran oportunidad.

Mantras de purificación y equilibrio:

OM NAM NAMAH

Para protección y perfección:

OM SRIM NAMAHA

Para expandir luz.

HRIM

Instrumento para sintonizarlo correctamente y equilibrarlo: el órgano.
El arcángel que lo asiste es Uriel.

Oración al arcángel Uriel

Arcángel Uriel, acepto el regalo de la paz,
en mi corazón, en mi alma, en mi espíritu,
en mi cuerpo, en mi mente. Hazme un
instrumento de la paz de Dios.

La religión que lo nutre es el islam. Estudiar los conceptos de la paz de Mahoma nos ayuda a comprender por uno mismo los valores de la paz, sin fanatismo ni el dolor que carga la discriminación racial y religiosa.

SEGUNDO ESCALÓN

El chakra de la sede del alma. Es niño. Tiene seis pétalos. Su color es un brillante violeta amatista. Hemos llegado al hogar del alma, donde todos los que estamos encarnados hemos sido transportados por medio de ese chakra a esta Tierra, donde nuestra madre biológica nos mantuvo guardados por nueve meses alimentándonos de todo lo que ella fue en ese momento y de todo lo que era antes de ese momento.

La casa del alma está debajo del ombligo antes de llegar a los órganos genitales.

Solo por medio de la libertad que genera el conocimiento el alma puede llegar a su destino.

Su trabajo para encontrar la perfección es: "Sé fiel a ti mismo".

Cuando este niño ha sido lastimado y herido y no supera las pruebas o deudas cobradas de la vida, se convierte en un adulto incapaz de perdonar, intolerante, falto de tacto, indiferente con los demás y cruel. Esclavizando al alma dentro de la conciencia humana y sus enredos kármicos y nefastos.

> *El alma es el potencial vivo de la luz de Dios.*
> *La petición del alma de tener libre albedrío y*
> *su separación de Dios tuvo como resultado el*
> *descenso de este potencial al humilde estado*
> *de la carne.*
>
> *El alma está destinada a ser elevada con*
> *honor a la plenitud de ese estado divino que*
> *es el único Espíritu de la vida entera.*
> *El alma se puede perder.*
> *El Espíritu nunca muere.*

El alma puede ser purificada mediante la
oración y la súplica y devuelta a la Gloria de
la que descendió.[12]

El alma fue revestida con estas pieles que se pueden ver y tocar, con el único propósito de darle un vehículo de evolución. Mantenerla esclavizada a los conceptos humanos es maltratarla, humillarla, deprimirla y lastimarla.

Su libertad solo puede ser otorgada por los cuerpos que la tienen encerrada bajo las cadenas de la ignorancia. Cuando estos cuerpos se equilibran, la puerta de su libertad se abre para volar por el azul de los cielos pintados por nuestra amada Madre Omega quien espera con paciencia el regreso de sus hijos a su corazón.

No es correcto encarnar sin propósitos divinos. Hay un número determinado de reencarnaciones para recibir y dar más de Dios, nunca para disminuir las capacidades.

Decidir regresar al corazón del Padre desde esta encarnación es de corazones humildes y desapegados de lo que en realidad no es importante.

Cuando este niño madura se convierte en un adulto misericordioso, libre, justo, diplomático, respetuoso y amable. Desarrolla las cualidades del alquimista y los profetas, así como las de la Revelación.

---

[12] Mark L. Prophet y Elizabeth Clare Prophet, *Los Maestros Ascendidos y sus retiros*, Summit University Press, 2013.

Su destino en este ciclo es perdonar.

Mantra para purificarlo y equilibrarlo:

OM VAM NAMAHA

Para protegerlo y perfeccionarlo:

OM HRIM NAMAHA

Para expandir la luz:

GLOUM

Su arcángel es Zadquiel.

Oración para su asistencia

*Arcángel Zadquiel. Destella tu llama
violeta a través de mí. Yo soy un ser de
fuego violeta, yo soy la pureza que Dios
desea.*
(Se recomienda aprender de memoria esta oración y repetirla cuando los recuerdos dolorosos asalten la mente o cuando se esté buscando la tranquilidad del día.)

Instrumento para sintonizarlo en la armonía divina: instrumentos de viento de madera.
Religión: taoísmo.

El adulto-niño

- El alma del niño herido no amado. Siempre fue criticado y critica.
- El alma del niño saludable: fue un niño amado y ama.
- El alma del adulto amoroso: nutre, cuida, no somete, no es tirano.
- El alma del adulto no amoroso: es tirano como padre o como madre; somete a sus parejas.

Para deshacer todo núcleo, causa, efecto, registro y memoria del karma que se ha generado en vidas pasadas y en esta vida, por tanta conducta equivocada generada mediante acciones en contra de uno mismo y de los demás, el alma debe llenarse de su color original con las vibraciones de la libertad, que es el rayo violeta.

Estamos en la era de la libertad y estamos destinados a evolucionar en este tiempo y espacio dentro de la ley de los ciclos creados bajo la buena voluntad de nuestros Padres cósmicos.

El rayo violeta es el color de la conciencia de Dios. Hemos sido creados también bajo la ley de la libertad, el libre albedrío que nos limita o nos libera.

Dios nos quiere libres de tanta mala información y esos amos indeseables.

Ha sido el amor del Padre y la misericordia de la Madre los que nos envían para esta era el regalo de las virtudes violetas amatistas.

Todos los colores nos bañan de Dios, pero el color violeta nos baña de su conciencia en la libertad y el perdón.

La evolución personal y planetaria es posible gracias a las oraciones emitidas en el nombre de Dios y del color de la libertad.

Al final del libro incluimos las oraciones que contienen la vibración del rayo violeta de la conciencia divina, para hacerlas diariamente.

El maestro ascendido Saint Germain es quien trajo este regalo al planeta Tierra para la libertad masiva de las almas encadenadas a los pies de la maldad.

Entre varias reencarnaciones, el maestro Saint Germain vivió en la tierra como Shakespeare, Roger Bacon, Cristóbal Colón y san José, el padre adoptivo de Jesús.

Cuando él ya había ascendido y disfrutaba del logro de su trabajo, escuchó la noticia de que el planeta Tierra estaba destinado a ser destruido completamente por las leyes, por tanta energía densa y oscura contenida en la atmósfera que lo rodeaba.

Por amor a este planeta donde logró su ascensión ofreció parte de su aura para salvarlo.

La ascensión es el ritual mediante el cual el alma se reúne con el Espíritu de Dios vivo, la Presencia Yo Soy. La ascensión es la culminación del viaje victorioso del alma hacia Dios en el tiempo y el espacio. Es el proceso por el cual el alma, habiendo saldado

su karma y cumplido su plan divino, se une
primero a la conciencia crística y luego a la
presencia viva del Yo Soy el que Yo Soy.
   Una vez que la ascensión ha tenido lugar,
el alma —el aspecto corruptible del ser— se
convierte en incorruptible, "un átomo per-
manente en el cuerpo de Dios".[13]

Entonces pidió al consejo de las leyes que le permitieran instruir a varias almas sobre el uso sagrado de
la llama violeta, que cuando es conocido y practicado
las almas encarnadas recuperan la conciencia divina,
enfocándose en su libertad.

La llama violeta es el aspecto del séptimo rayo del
Espíritu Santo. Es el fuego sagrado que transmuta la
causa, el efecto, el registro y la memoria del pecado o
karma negativo. También se le denomina la llama de
la transmutación, de la libertad y el perdón.

Entonces, le fue otorgado el permiso, pero a cambio
tiene un porcentaje de su gran aura "empeñada" para
mantener el proceso del cumplimiento de las leyes, en
caso de que no se logre la limpieza planetaria a través
de su compromiso.

Las instrucciones le fueron entregadas a Mark Prophet, quien fundó bajo el patrocinio de los maestros El
Morya y Saint Germain *The Summit Lighthouse* (El faro

---

[13] Mark L. Prophet y Elizabeth Clare Prophet, *Los Maestros...*,
op. cit.

en la cima). A partir de ahí se expanden las enseñanzas de los maestros ascendidos y el uso de la llama violeta por el mundo, para la transmutación del karma personal y planetario.

El maestro Saint Germain depositó su confianza en todos nosotros, en todos los que por una u otra razón estamos encarnados en el planeta. Y está siendo observado por el cosmos. Su trabajo y confianza penden de un hilo.

Aunque ya somos varios los que usamos los decretos de la llama violeta diariamente para liberarnos de la causa, efecto, registro y memoria de los amos destructores que tienen el mundo bajo su dominio y sus intereses egoístas (tanto internos como externos), todavía falta que se sumen muchos más para poder acelerar, dentro del tiempo permitido, las energías atrasadas que no nos dejan llegar a la era de la libertad.

Quince minutos diarios de llama violeta marcan una gran diferencia en la vida personal, familiar y planetaria.

Las instrucciones de su uso correcto también están incluidas en la parte final del libro, en la sección de oraciones y decretos.

La llama violeta te ayuda a perdonar y a ser perdonado; a generar alegría para compartirla y vivirla diariamente; a ser misericordioso, diplomático y amable, haciendo de la vida un maravilloso viaje terrenal.

Es la vibración que está cambiando la conciencia del mundo. Es el fuego violeta de la conciencia de Dios.

Primer escalón

Chakra de la base. Es niño. Tiene cuatro pétalos. Es de color blanco brillante como la nieve que resplandece frente al sol.

Trabajo para encontrar la perfección: "Casar lo material con lo espiritual".

Esto se refiere a no sacrificar el crecimiento espiritual por conseguir cosas materiales, ni olvidarse de las necesidades materiales y compromisos por dedicarse solo a la parte espiritual.

Es el chakra de la Madre, quien lleva a la parte de la Materia los proyectos, ideas, aspiraciones e ideales. La que construye a nuestro alrededor todo lo que se puede tocar, incluyendo nuestro cuerpo físico.

The Mother. Mater, en latín. La Materia, con mayúscula, que se necesita para cubrir los espacios. También se le conoce como el "chakra raíz", aquel que cuando está bien afianzado echa raíz en la tierra para crear sus frutos.

Es la energía de la Madre Omega en el hombre y la mujer; la que cuida, limpia y purifica. La madre en equilibrio que nos provee de su pureza, esperanza, alegría, disciplina, integración, perfección y nutrición.

Cuando el chakra de la madre guarda un niño lastimado, se proyecta con el desorden, caos, desesperanza, suciedad y desaliento.

La marihuana es una sustancia que rompe con la esencia de la Madre divina. *Ma-rihuana* es la versión de la madre descuidada, sucia, desordenada, sin aliento y sin identidad. Fue creada por los ángeles caídos que eran en su momento arcangelinas, la parte femenina del reino angelical.

La marihuana es la perversión de la Madre. Es la droga de la muerte. Su presencia indica la presencia de la entidad de la muerte, la entidad del suicidio y el odio más intenso a la mujer y su progenie.

En el Apocalipsis Jesús profetizo que el dragón saldría a hacer la guerra con lo que quedara de la descendencia de la Mujer. Esta da a luz al Hijo varón, mas el dragón entabla la guerra contra la progenie de la Mujer, los niños de la luz.[14]

> *Y la serpiente arrojó de su boca, tras la mujer, agua como un río, para que fuese arrastrada por el río. Entonces el dragón se llenó de ira contra la mujer y fue hacer guerra contra la descendencia de ella.*
>
> Apocalipsis 12:15,17

La marihuana es esa guerra y su uso tan "inofensivo" tiene a la humanidad sumergida en los mares de la oscuridad.

El doctor Gabriel Nahas dice:

---

[14] Elizabeth Clare Prophet, *El culto al placer*, 2010, Ediciones Porcia, España, p. 77.

La aparición de productores de cannabis en Oriente Medio coincidió con un largo periodo de declive, durante el cual Egipto cayó de un estatus de máximo poder a la posición de un Estado agrario esclavo, explotado por una serie de gobernantes circasianos, turcos y europeos.

Como sucede a menudo, la decadencia de la nación propició un uso acrecentado de lo que pudo haber precipitado su caída. El consumo de hachís[15] se volvió tan predominante entre las masas que algunos sultanes y emires trataron de prohibir su uso, a sabiendas de que iba en contra de una práctica en la que participaba un amplio porcentaje de la población. En el siglo XIV el emir Soudouni Schekhouni ordenó que todas las plantas de cannabis fueran desarraigadas y destruidas y que todos los que consumían esa sustancia fueran condenados a la extracción de todos los dientes sin el beneficio de la anestesia.

Aun siendo un estímulo tan potente, produjo poco o ningún efecto sobre el hábito nacional de consumir hachís, puesto que se

[15] El hachís es un producto del *cannabis*, definido como la resina separada, en bruto o purificada, obtenida de la planta de *cannabis*. Es más potente que otras preparaciones y proviene de las secreciones de las sumidades floridas y partes femeninas de la planta *Cannabis sativa*. Fuente: Wikipedia.

trataba de una adicción sostenida por una entidad (demonio) sumamente grotesca. El control de la entidad del hachís no tiene comparación, provoca que sus víctimas den la vida por defenderla. Así que se tornan insensibles, incluso a la hora de defender su propia vida.[16]

El hachís es sinónimo de terrorismo, odio a la mujer y fanatismo. Es una de las sustancias derivadas de la marihuana que se siembra en su mayoría en Marruecos, lo que hace que los más grandes consumidores se encuentren en el Medio Oriente, donde el trato a la mujer es denigrante y humillante y es aceptado por la sociedad y apoyado por los sistemas políticos de esos países.

El maltrato a la mujer en realidad en un maltrato a toda la energía femenina que cubre el planeta Tierra y que forma parte de nuestra amada Omega y toda su descendencia femenina, desde la Madre Solar Vesta hasta las arcangelinas, angelinas, vírgenes, bodhisattvas, mujeres, madres, hijas y niñas.

Quien ofende a una mujer, la maltrata, insulta, engaña, usa o no la respeta, sea hombre o mujer, está atentando en contra de la energía de la deidad de sí mismo y de todas las partes de la Omega que hay en cada mujer del mundo.

Las arcangelinas caídas que descendieron con sus almas gemelas pudieron sembrarla en la Madre Tierra

---

[16] Elizabeth Clare Prophet, *Culto al placer, op. cit.*, p. 57.

(en Sudamérica y en algunas partes de Medio Oriente) porque tenían todos los aspectos y los conocimientos para cultivar para materializar sus proyecciones.

El poder que contenían lo usaron para destruir la fuerza del chakra de la base y con ello todos los frutos destinados a ser sembrados por los hijos e hijas de Dios.

Elaboraron esta sustancia para crear efectos falsamente "divinos" que generan la misma sensación de la unión con el amado Espíritu Santo, quien patrocina de forma importante la maternidad, la mujer y la deidad femenina. Recordemos que fue quien concibió el vientre de María.

Quienes consumen marihuana son personas que pierden el sentido de identidad al cerrar sus células y átomos que sostienen la luz en el cerebro, encerrándose en dimensiones irreales donde su evolución queda atrapada y esclavizada, y dependen de la sustancia para sentirse falsamente creativos.[17]

> *Alguien que recurre a un veneno para pensar, pronto sería incapaz de pensar sin tomar ese veneno.*
>
> Charles Baudelaire

Crearon palabras y expresiones para ofender terriblemente el papel de la madre, especialmente en Estados

[17] Para mayor información sobre cómo llegaron esta hierba y otras sustancias alucinógenas y adictivas a nuestro planeta consúltese *Dormir, soñar, amar*, México, Diana, 2013, pp. 94-95, de mi autoría.

Unidos y América Latina, donde las más grandes ofensas en conversaciones cotidianas o en peleas se refieren a la madre, cuando alguien comete algún error o acto nefasto, debilitando el chakra de quienes lanzan y reciben estas maldiciones en sus vidas.

Es importante que se elimine el hábito de atacar a la madre por medio de palabras vulgares y ofensivas. Quienes lo hacen y quienes lo permiten tendrán siempre grandes problemas de salud, morales, económicos y sociales ya que están colaborando con el "dragón que vino hacer la guerra contra la mujer y su progenie".

El insulto a la madre tiene que ser prohibido en el lenguaje cotidiano, en las películas, en los programas de entretenimiento y en nuestro círculo familiar y social.

Las personas jóvenes, hombres o mujeres, que fuman marihuana, tienen un gran resentimiento contra su madre y por consecuencia contra todas las mujeres que se van encontrando.

Quien encarnó el aspecto más parecido a la Omega fue nuestra amada Virgen María. Ella es lo más semejante, hasta el día de hoy, a la Madre Universal. Ella es la que nos ayuda a desarrollar y solucionar, de la mejor manera posible, el papel de madres en la Tierra, así como los problemas con los hijos o los problemas como mujeres.

Algunas religiones han excluido el papel de María y sus seguidores en la vida de Jesús, alegando que el papel de su madre no es merecedor de tanta atención por parte de los devotos.

El papel de madre no es fácil para cualquier mortal, mucho menos para María quien cuidó, protegió y guió los valores de su hijo hasta donde se le permitió, sabiendo que ese hijo era un enviado del Creador de toda la vida en el Universo. Alegan que después de Jesús, la Madre María tuvo otros hijos.

> *¿No es este el hijo del carpintero? ¿No se llama su madre María, y sus hermanos Jacobo y José y Simón y Judas? ¿Y no están todas sus hermanas con nosotros? ¿De dónde, pues, tiene este todas estas cosas?*
>
> Mateo 13:55-56

Con esta parte de los Evangelios justificaron la razón para separar a la mujer de su gran papel en la espiritualidad de las almas en evolución, encontrando otra forma de hacerle la guerra a ella y a su progenie, creando nuevamente razones para separar a la Madre de su Hijo.

José era un hombre de aproximadamente noventa años, viudo y con hijos ya mayores. Cuando María concibió por el Espíritu Santo, José fue avisado por un ángel del Señor en un sueño que tendría que esposar a María, la Virgen. Entonces este señor mayor obedeció las órdenes de nuestro Padre como parte de su plan divino. Nadie podía dudar de que los hijos eran de José, pues María era apenas una jovencita dedicada al cuidado y sano desarrollo de Jesús.

Quienes amamos profundamente a la Madre María somos guiados por su luz, encontrando en ella grandes atenciones para nuestro papel de mujer en este ciclo.

Este amor es devocional. Y también se le dedican las oraciones que van en su nombre con gran devoción.

Al final del libro, en la sección de oraciones, se compartirá el *Ave María de la Nueva Era* así como el *Padre Nuestro*, para incluirlos en los rosarios que se deseen hacer para sanar los problemas con los hijos, por enfermedades, problemas con la familia o económicos, así como las desgracias energéticas que ocasiona el asesinato del hijo en el vientre de la madre por el aborto. Otra batalla del dragón contra la mujer.

Su nombre Ma-ría, tiene un gran poder de sanación con todo lo relacionado con la Ma-dre o con las cosas de la Ma-teria.

La Materia actúa como una cáliz del reino de Dios y es la morada de las almas en evolución que se identifican con su Señor, su santo ser crístico. La Materia es distinta a la materia con minúscula, pues esta ultima es la sustancia de la Tierra, terrenal, propia del reino de maya, que obstruye la luz divina y el Espíritu del Yo Soy El que Yo Soy, en vez de transmitirlos.[18]

También se usa para sanar las adicciones de la marihuana, ya que con su luz de Madre contrarresta la oscuridad de esta entidad y todas sus peligrosas consecuencias espirituales, físicas y materiales.

---

[18] Elizabeth Clare Prophet, *Los Maestros …*, *op. cit.*, p. 313.

Antes de que el alma de María encarnara en la Tierra, se preparó novecientos años en los templos etéricos para saber cómo mantener su conciencia de Madre frente a todos los desafíos que venía a enfrentar como la Madre del Rey de Reyes y su gran misión.

Soltar a tu único hijo cuando este tiene trece años y verlo regresar para ser humillado y sacrificado, no sería fácil para ninguna madre de cualquier hijo, mucho menos de un hijo como Jesús.

El machismo en la religión separa al hombre y la mujer de esta conciencia universal, haciendo que las cualidades de ambos se limiten a falsos conceptos, con resultados a medias.

Aunque tenemos claro que el hombre viene a desarrollar un papel diferente al de la mujer, ambos son aspectos de la deidad y cada uno tiene el derecho de hacerlo dentro de su trabajo espiritual, desde su equilibrio psicológico, moral y religioso.

Quienes tienen problemas no resueltos con la madre son personas limitadas ante sus resultados espirituales, materiales, familiares y sociales.

Las relaciones sexuales irresponsables contaminan la pureza natural de este chakra. La energía que sale de los órganos sexuales está destinada a crear integridad, vida y elevación de la conciencia a través del amor sublime que hay en las almas que se comunican por medio del acto sexual.

La sexualidad es una forma de comunicación íntima con la pareja que se une en los fuegos sagrados del amor, respeto y gratitud por hacer cada uno el trabajo individual para mantenerse unidos.

También tiene como objetivo crear vida, y con ello que muchas almas tengan la oportunidad de nacer. Si este acto se usa sin ninguno de estos propósitos, el chakra va perdiendo su identidad y su trabajo, y el individuo grandes y únicas oportunidades en su ciclo terrenal.

Es importante que las madres que no pueden tener hijos aunque lo intenten, sepan que no tienen karmas fuertes que resolver con las almas que no llegan a ellas a través del nacimiento, ya que por lo general los hijos son relaciones kármicas que vienen a reclamar lo que los padres les negamos en otra vida.

Aunque pueden desarrollar este papel para fortalecer su chakra-raíz adoptando hijos o dedicándole tiempo a niños huérfanos o maltratados por sus padres biológicos.

El servicio incondicional, cualquiera que sea, limpia grandes cantidades de karma.

Este chakra se contamina fácilmente por medio de lo que se conoce como "sexo oral", tanto en el hombre como en la mujer, ya que el chakra de la garganta, al ser mal usado por la crítica, las malas palabras, juicios o conversaciones improductivas, genera grandes cantidades de energía negativa que son transmitidas a través de la saliva.

Las posturas durante el sexo también tienen que cuidarse ya que alteran las energías de estos centros de luz si se usan inadecuadamente. El hombre encima de la mujer, o la mujer encima del hombre, son las posturas recomendables para mantener la pureza de los chakras y crear la transmisión del amor y todas sus virtudes. El sexo dos veces por semana es lo más saludable dentro del matrimonio como máximo, así como practicar la abstinencia de vez en cuando, en especial cada vez que se está trabajando alguna disciplina espiritual.

Si se está trabajando una novena (nueve días) con oraciones y decretos se debe mantener toda la energía concentrada en la disciplina. Asimismo, si se están practicando oraciones que duran treinta y tres o cuarenta días, es necesario abstenerse de sostener relaciones sexuales ese tiempo para mantener toda la luz concentrada y enfocada en el trabajo interno que se está haciendo.

Ninguno de estos últimos puntos son obligatorios; se trata de información útil para el cuidado de la salud de los chakras, y para acelerar la energía en los beneficios que se desean obtener para mejorar cualquier situación con la energía sagrada de la deidad.

Si se tiene una pareja estable es importante que antes de tomar cualquier decisión en cuanto al cambio de las conductas sexuales, ambos se pongan de acuerdo sobre estos puntos, siempre para mejorar la relación y las metas de cada uno, jamás para separar la relación donde se están construyendo grandes cosas.

Para quienes han sufrido abuso sexual es importante saber que este chakra tiene un 95% de probabilidad de estar desintegrado si no se ha trabajado profundamente, lo que perjudica la personalidad, la estabilidad, el crecimiento y la pureza de la persona afectada.

Para comprender lo que sucedió, y que se tiene que actuar correctamente en una situación como esta, debe trabajarse en conjunto con el chakra de la coronilla y los decretos del maestro Kutumi, para que todo trauma psicológico pueda ser removido, expulsado y sanado por la luz.

En la sección de oraciones y decretos se propone seguir un orden en tus oraciones diarias para que trabaje conjuntamente con guías y ángeles divinos.

La mujer que es enemiga de la mujer es enemiga de sí misma, de cualquier mujer: su madre, su hermana, su hija, su amiga o compañera. Su gran trabajo en la Tierra es interrumpido por la falta de misericordia materna, ya que por esta carencia peligrosa siente odio hacia sí misma, y se lastima de una forma u otra. En consecuencia también siente odio por la fuerza del hombre y lo trata como un recurso para cubrir sus carencias materiales, al someterlo a sus bajos deseos y su egoísmo cruel y degradar su valor ante él de mil maneras, olvidando su gran potencial para crear por ella misma todo lo que desee, desde la Custodia de la Madre, ya que somos las únicas creadoras de la vida y eso nos da el don de llevar a la Materia los más grandes anhelos del alma.

La mujer jamás debe prestar su cuerpo para ser "materia" de deseo, perversión, pornografía o degradación sexual. Todo eso es un fuerte agravio a la Madre Divina, quien no deja de darnos su luz para que sigamos expresando su pureza, su grandeza y el gran amor por la humanidad. Es por ella que todas las mujeres podemos amar como amamos, dar lo que damos desde el amor divino y crear todo cuanto deseamos para nosotras y nuestra familia.

La mujer que es débil y sometida tiene como tarea fortalecer su lado femenino, su lado yin, y esto es posible cuidando perfectamente el chakra de la base, el chakra-raíz, dedicándole tiempo a su sanación a través de mantras, oraciones e instrucciones que se compartan, también dedicando novenas para este objetivo a la Madre María con el *Ave María de la Nueva Era*.

Haber nacido mujer es una gran bendición para el planeta. Cuando se equilibra este fuego sagrado en el templo, dejamos que la expresión divina de la Madre Sagrada se haga cargo correctamente de todo aquello que solo su luz puede crear, pero el trabajo es de ambas. Todo cuanto necesites como mujer pídeselo a la Madre Cósmica; ella se hará cargo con el amor puro y desinteresado de una Madre.

Si eres hombre también puedes trabajar en tu pureza y en tus deseos de crear en la Materia tus sueños con la Madre Divina.

Se recomienda usar una medalla de la Virgen Milagrosa para encontrar la protección, el cuidado y el sustento de la Madre con sus hijos. Puedes bendecirla con la siguiente oración, colocando la medalla entre tus manos a la altura de tu corazón:

*En el nombre del Yo Soy el que Yo Soy y en
el nombre de mi santo ser crístico, amada
Madre María, amado Jesús, coloquen sus
energías divinas, consoladoras, sanadoras,
íntegras y abundantes en esta medalla de
la Virgen Milagrosa para que mi alma sea
cuidada, guiada y acompañada por ustedes
durante mi ciclo terrenal. Sea hecho de
acuerdo a la voluntad de Dios. Amén.*

La ídolo musical que representa al dragón y su guerra contra la mujer en cada uno de sus conciertos con escenas subliminales es la cantante estadunidense Madonna, quien muestra en sus *shows* y en la mayoría de las letras de sus canciones maltrato y perversión ante la llama femenina. Su nombre y sus escenificaciones son un gran insulto a la virginidad del alma, y sus ofensas contra la religión de la Madre y el Hijo se han filtrado como parte de la aceptación social, creando una industria millonaria en la degradación de los valores de la mujer y su relación divina con el hombre.

Las que nacimos mujeres fuimos encomendadas para cuidar la llama de la Madre Divina, así como de la Trinidad por sus hijos, su padre, su esposo, sus hermanos, sus amigos.

Cuando cuidamos esta parte aprendemos a adorar a la Madre Divina Omega, permitiendo elevar su fuego sagrado en nuestro templo.

Mantra para equilibrarlo:

OM AIM NAMAHA

Para protección y perfección:

OM AIM NAMAHA
(Es igual que el de arriba)

Para expandir luz:

AIM

Oración al arcángel Gabriel

Arcángel Gabriel, inúndame con la alegría
de los ángeles. Yo soy la pureza de Dios. Yo
soy la pureza del amor. Yo soy la pureza de
la alegría. Yo soy la pureza de la gracia. Yo
soy la pureza de la esperanza.

Instrumento: el tambor.
Religión: el hinduismo.
A todos los chakras sin excepción les afecta la música electrónica y el *rock* pesado. Esto genera que estos discos giren en dirección contraria a las manecillas del reloj, provocando un descenso importante en las energías del individuo que constantemente escucha este tipo de música.

(Si tu hijo tiene estos gustos, es importante que lo liberes con las oraciones de san Miguel Arcángel que están al final del libro.)

El trabajo con cada uno de los chakras tiene como objetivo lograr la perfección y excelencia de las energías que nos componen; por lo tanto se debe trabajar cada uno profundamente.

Se sugiere trabajar en orden cada chakra, iniciando por el primer escalón hasta el último. Trabajar por veintiún, treinta y tres o cuarenta días un solo chakra hasta que se recorran todos. Una vez terminada la disciplina se vuelve a empezar si se desea.

Se trabaja veintiún días para cerrar un ciclo.

Se trabaja treinta y tres días para liberar más amor en la situación. Cada vez que decimos una afirmación de luz tres veces se libera una porción de amor hacia quien la repite. Recordemos que Jesús fue crucificado a la edad de treinta y tres años. Su amor por nosotros fue liberado en toda su magnitud al mundo, sin importar raza o religión.

También existen treinta y tres niveles de conciencia hacia arriba y treinta y tres hacia abajo. Las oraciones mantienen nuestro nivel en alta frecuencia protegiéndonos de las conductas que nos hacen descender a los niveles de abajo.

Trabajarla cuarenta veces cambia nuestra conciencia y pensamiento hacia algo o alguien a su vibración original.

Si se cree necesario combinar dos o tres chakras para el trabajo diario también puede hacerse. Todo depende del autodiagnóstico de acuerdo con las experiencias vividas, notando con esto la afectación de cada chakra y su función.

Es importante terminar lo que se inicia ya que las energías se empiezan a mover y para que haya cambios todo tiene que llevar un orden y un cumplimiento en la palabra.

La sanación del alma

Dedicarle tiempo a la sanación del alma se convierte en un hábito cuando se hace diariamente con el conocimiento necesario para no desistir jamás de este propósito, y hacer de nuestra partida un acontecimiento de logro y gratitud.[19]

El dolor más grande que puede sentir un niño es aquel que está relacionado con sus padres. Él los escogió para ser cuidado y protegido, tal como lo hacen nuestros Padres Divinos con todos nosotros. La conciencia pura de la inocencia recuerda lo bien que fue atendido y guiado antes de entrar a la Tierra en su cuerpo físico.

La historia de su vida comienza con grandes alegrías o profundas tristezas que va cargando y proyectando en cada decisión que hace a lo largo de los años que conforman su vida.

El niño no piensa, solo siente, y conforme pasa el tiempo los sentimientos se van convirtiendo en preguntas, que al no tener una respuesta inmediata la busca por medio de conductas conflictivas e indecisas que afectan aspectos importantes de la vida.

[19] La información sobre los mantras bijas y los instrumentos que los equilibran y purifican, la religión que los asiste y los arcángeles, tiene como fuente de información los libros *Meditación, formas de pensamiento para expandir la conciencia*, Mark L. Prophet y Elizabeth Clare Prophet, 2006, Ediciones Porcia, España, y *Tus siete centros de energía*, Elizabeth Clare Prophet y Patricia R. Spadaro, 2006, Ediciones Porcia, España.

Sin embargo, el tiempo, que no se detiene, convertirá al niño en adulto y con esa transformación también llegaran las oportunidades para madurar.

Aunque madurar es el propósito del alma, también es una decisión individual en la que se conjugan el deber y la fidelidad hacia uno mismo. La madurez del alma va acompañada de compromisos, responsabilidades y un propósito firme de ser valientes para hacerse cargo de todo lo que esto trae.

Todos hemos venido a cumplir una misión y con ello a saldar deudas con el cosmos.

A partir de los doce años de edad (el doce es un número de iniciaciones para el alma) desciende el paquete de deudas que trae el alma para ser cobradas o pagadas (paquete de karma).

Es cuando se empieza a escribir la propia historia, trayendo o dejando atrás a todos los personajes encontrados en años anteriores y viviendo a través de esto "acciones y consecuencias" tanto de vidas pasadas como de esta vida, influenciados por la estructura que se haya formado con los valores y experiencias del crecimiento hasta esa edad.

Toda experiencia, dolorosa o no, que haya ocurrido antes de los doce años, fue destino. No estaba dentro del plan de vida del individuo.

Pudo haber sido perfectamente bien cuidado, protegido, amado, educado, respetado y guiado por sus padres biológicos, familiares o padres adoptivos, como también pudo haber sido por ellos mismos, familiares o hasta gente extraña, dado en adopción, secuestrado, abandonado, extraviado, abusado, accidentando, maltratado, regalado, vendido, explotado, asesinado y hasta olvidado.

En la religión judía los varones son iniciados a los trece años con una ceremonia conocida como *bar mitzvá*, en la que el rabino que oficia la ceremonia (entre otras cosas), le dice al padre del joven:

> A *partir de este momento se verá el trabajo que has hecho con tu hijo en las decisiones que le correspondan tomar de hoy en adelante.*

Según esta religión, un joven de trece años ya es responsable de las decisiones que tome en su vida. Si fue bien guiado, estas serán confiables y apegadas a lo correcto.

Quienes por su descuido no se hicieron responsables de sus hijos por falta de madurez como padres o por una psicología no resuelta y fuertes miedos ante la vida, crearon con ello su "destino".

Entre los seres humanos no hay culpables en ningún tipo de situaciones, hay "responsables"; tampoco existen las víctimas, solo "los afectados". Al final del camino siempre hay un buen número de razones para comprender al prójimo.

Hay que tomar en cuenta que cuando los responsables no llevan a cabo correctamente sus compromisos familiares, morales y sociales, solo puede ser por tres causas: descuido, miedo, psicología trastornada por las experiencias no resueltas de su infancia.

Al tomar en cuenta correctamente estos tres puntos podemos cambiar el panorama por uno más comprensible por seres humanos que hayan dañado alguna parte de la propia vida o de algún ser querido.

El descuido es falta de percepción, cualidad que se desarrolla en el tercer ojo; por tanto, es importante conservar este chakra limpio para mantener la guardia ante el peligro que a veces puede provenir de personas que aparentan ser inofensivas y resultan un gran amenaza para nuestra seguridad.

Estar atentos es una obligación para el sano desarrollo personal y de todos los que nos interesan. Cuando por alguna razón alguien cercano se ve afectado por un descuido, lo primero que debemos pensar es en la solución, si la hay, más que en el problema, pues las energías se están moviendo para llevarnos al encuentro de la conciencia en la madurez. Si el problema ya no tiene solución, debemos ser lo más compresivos que se pueda ante las circunstancias que acarrearon el problema, y tener la habilidad de no aumentarlo enfocándonos en la sanación del alma.

Mientras más fuerte es la prueba, más grande es el aprendizaje que tenía que llegar por todo aquello que se estaba evadiendo.

La humildad es clave para salir airosos de las experiencias dolorosas; es la llave que abre la puerta de la aceptación de lo que está pasando. Quienes se atan al orgullo tarde o temprano volverán a pasar por situaciones similares, o peores, hasta soltarlo y permitirle al alma respirar.

El ego atrapa la conciencia divina, la ata para poder desarrollarse con más libertad dentro del individuo.

La humildad es la limpieza del tercer ojo; es parecida a un líquido que purifica todo lo que el alma viene a ver y a contemplar en la Tierra. La gente humilde no se preocupa por cosas vanas, vive disfrutando de las grandes cosas de Dios.

La humildad nos hace ver con atención aquellas cosas que son parte de nuestra responsabilidad, permitiendo buscar la protección necesaria y permitida por el Cosmos para uno mismo y los seres que amamos.

La soberbia, en cambio, es la cadena que ata a la humildad, esclavizándola a su antojo, lastimando a diestra y siniestra cuanto se le ponga enfrente, usando al individuo como la vía para existir y separar a los hijos e hijas de Dios del sentido de hermandad y buena voluntad.

En las oraciones a san Miguel que están al final del libro se incluye el llamado para que san Miguel ate la soberbia propia o de otra persona que pueda estar afectando la estabilidad de tu alma o la de tus seres queridos.

Los accidentes no son un "destino", son un gran descuido. Todos tenemos la responsabilidad de aprender a cuidarnos cuando salimos a la calle, cuando vamos de viaje, inclusive al estar en otras casas; nunca se debe bajar la guardia.

Por "descuido" se sincroniza con energías muy bajas; la oscuridad siempre esta al asecho de tu "descuido".

Toma en cuenta que la oración en el nombre de Dios diaria eleva la frecuencia vibratoria llevándonos siempre a un refugio seguro.

Sabemos que los riesgos de todo tipo existen. Enfrentamos esta realidad cada vez que vemos las noticias. Las cosas no serán diferentes hasta que la conciencia de todos cambie y eso será posible haciéndose cada uno responsable de lo que le toca.

Gracias a Dios tenemos a san Miguel Arcángel quien protege nuestra luz. No salgas de casa sin antes haberte puesto su armadura con las oraciones que compartimos al final del libro. También puedes incluir en ellas a tus seres queridos para que estén resguardados por sus ángeles.

Recuerda que muchos de los que están afuera traen grandes problemas adentro así como otras cosas inimaginables; por eso es importante saber cuidarse mediante la oración y los rayos divinos de los Padres Protectores. Casi siempre el descuido tiene un alto precio.

El miedo y la precaución son dos cosas muy diferentes: el miedo limita, la precaución protege. El miedo por lo general trae vergüenza y culpabilidad, mientras que la precaución implica valentía y responsabilidad.

Los adultos que educan a sus hijos con miedo fomentan personalidades limitadas ante sus capacidades reales.

Romper el miedo es una actitud de héroes; esto se logra con dos maravillosas herramientas: fe y valentía.

Aunque en realidad nadie tiene la culpa de tener miedos, el gobierno, la religión y hasta la misma sociedad han generado conceptos para mantener la atención en el miedo; por lo tanto, es comprensible que muchos hayan caminado por este andén de dudas sin respuestas y sin herramientas que les permitieran sacar adelante sus compromisos desde una salud interior.

Tampoco es una excusa; ante todo aprendamos a hacer lo que nos toca y a ser, a la vez, compasivos al tratar de entender las circunstancias de cada quien y a ayudarles a liberarse de sus errores a través de la madurez propia.

Sanar al niño herido que se lleva dentro solo es posible cuando se cubren las carencias con las que creció. Es importante que quede claro que esto es un trabajo individual para no involucrar a nadie en el dolor de las heridas personales.

La sanación del alma es un proceso que puede manejarse con tratamiento espiritual y psicológico.

Somos un reflejo de nuestra psicología; estamos proyectándola constantemente en la relación con la familia, el trabajo, la sociedad y la religión.

Los maestros ascendidos nos recomiendan acudir a terapias psicológicas con especialistas recomendados por quienes han sido eficazmente tratados y rehabilitados.

Las necesidades primarias con las que un niño tiene que crecer son las siguientes. En caso de que no haya sido así, se deberán tener estos puntos como base de partida para las terapias psicológicas.

- Sentirse amado incondicionalmente.
- Sentirse aceptado tal como es.
- Sentirse importante para su familia.

Reflexiona sobre estos puntos por unos minutos. Si tuviste alguna carencia en cualquiera de los tres, o en las tres, y tu vida sigue sin gustarte, es importante que te enfoques a la sanación del niño herido para crear al adulto saludable que deseas y mereces ser.

El maestro ascendido Kutumi es el psicólogo divino que todos necesitamos para no caer en conductas nocivas que llevan a pérdidas de tiempo irreparables para el crecimiento del alma.

Considéralo para la sanación de tu psicología y la de tus seres queridos cuando los percibas perdidos por la vida, envueltos en adicciones o conductas degradantes para sí mismos y su familia.

Amor incondicional, aceptación y ser importantes para quienes nos rodean son las mismas necesidades que todos los adultos debemos mantener cubiertas a través del trabajo personal llevado a cabo con amor, respeto y disciplina.

La evasión ante las experiencias no resueltas puede tener un alto costo.

Es mejor enfrentar cuando sea necesario cualquier situación que está buscando la integridad y la paz interna, que llevarlas hasta la tumba con un semblante de amargura.

Hay quienes con tal de no pasar por el "dolor" nuevamente, evaden la experiencia, perdiéndose la oportunidad de arrancar la causa o raíz de su sufrimiento. Las terapias psicológicas o la oración son sumamente eficaces y comprobadas cuando son manejadas como es debido.

El destino solo existe de los doce años de edad para abajo, todo lo demás en la vida de cualquier ser humano está sincronizado, no existen las coincidencias, eso sería un "descuido" de Dios. Tanto las personas como las situaciones se encuentran porque las energías se sincronizaron por razones divinas y causas del Cielo.

Somos imanes gigantes que atraen lo que traen.

Cuando se depura, se sana y se acomodan las energías del interior, la vida del individuo, por ley de atracción, se rodea de lo mismo.

He aprendido dentro de estas maravillosas enseñanzas universales que el alma escoge a su madre y a su padre biológicos antes de encarnar, ya que por medio de ellos crea su proyecto de vida en la Tierra para cumplir con su plan divino.

Quienes más allá de cualquier razón no aprenden a honrar a su padre y a su madre, además de que no cumplen con una de las leyes universales, crean desequilibrios en su interior que se reflejan en los niveles de productividad que construyen su vida.

El cuerpo físico ha sido creado por el óvulo de la madre y el espermatozoide del padre, los cuales forman parte de la estructura que compone el templo corporal de todos los encarnados en este planeta. Cuando la relación con los padres biológicos está dañada, el interior del individuo también lo está, y desarrolla conductas que lastiman a través de él mismo, a alguno de sus padres, por lo general con el que tuvo más problemas durante su infancia.

El yin y el yang que nos componen por la influencia biológica de nuestros padres terrenales debe mantenerse en equilibrio para la integración total del alma en el cuerpo físico.

El desequilibrio que generan las emociones de baja vibración que giran en torno al odio, la desesperación y la apatía, mantienen la balanza siempre del lado más pesado, haciendo que el individuo nunca se mantenga erguido ante la dignidad que nos provoca saber que somos una creación completa del Alfa y la Omega, limitando su capacidad de amar, crear y vivir en plenitud, al enfocarse solo en sus propias razones para continuar en una relación que al estar dañada sigue existiendo para ser resuelta.

Comprender que todos empezaron a escribir su historia a partir de los doce años y que como base de partida se usaron las experiencias que rodearon su destino, es digno de la comprensión que genera una conciencia madura.

Al final de la vida se entiende que los que van por el mundo lastimando y creando heridas en la vidas de otros, son niños heridos llenos de carencias, faltos de atención y con grandes necesidades en su infancia.

La madurez del alma es un proceso en el cual están ampliamente involucrados el perdón, la humildad, la constancia y el amor.

Las consecuencias

El otro dolor profundo que genera sentimientos en contra es el que se conoce como "mal de amores": las traiciones, las mentiras, el abuso, el abandono, el maltrato y el odio en la pareja son consecuencias del niño herido, no amado y criticado que sigue sin resolver su destino, enredándose en situaciones mediante las cuales busca cubrir sus carencias a cualquier precio.

Para que el ser humano sepa por dónde comenzar es importante recorrer los resultados actuales de su vida, que son una consecuencia de todo lo que hay en su corazón.

Perdonar siete veces es perdonar la acción dolorosa que se ejecutó en aquel momento, pero perdonar "setenta veces siete" es perdonar "las consecuencias" que se desencadenaron en el ser, a partir de que la "acción" se adueñó de su mente y sus decisiones.

Son las "consecuencias" las que se tienen que analizar para saber si realmente algo le hizo daño a nuestra vida; esas consecuencias que generaron acciones equivocadas en contra de uno mismo.

Los seres humanos se van relacionando unos con otros a partir de las consecuencias que les generaron las acciones de los padres y de todos aquellos que interactuaron durante su desarrollo infantil hasta su adolescencia, marcando en estas dos etapas el molde energético de sus emociones, las que incuban sus acciones futuras.

Los padres que maltratan a sus hijos, los matrimonios en constantes conflictos, los empresarios abusivos, los jefes intolerantes, el padre tirano, la madre tirana, son algunos ejemplos de los adultos que siguen viviendo las consecuencias de las acciones de los otros.

Saber que nadie puede cambiar las acciones pasadas de los demás es parte de la aceptación del mundo interno con el que se vive día a día y el fin de la pelea con uno mismo.

Saber que todas las consecuencias externas están construyendo las acciones de mi interior genera responsabilidad inmediata hacia el entorno en que se vive.

También es importante saber quiénes necesitan ser perdonados y a quiénes se les necesita pedir perdón. El trabajo del alma en la Tierra no es fácil, pero se vuelve más difícil cuando se adhieren a la carne sentimientos que nos alejan de nuestras metas espirituales, aquellas que el alma solo puede cumplir viviendo en un cuerpo.

Siempre hay alguien a quien se le debe pedir perdón, pero hay que asegurarse de quién es y si realmente lo está necesitando. También hay quien necesita de tu perdón. En este punto tan delicado es importante asegurarse hasta dónde está el ego involucrado y cuánto es el daño a tu alma.

Las respuestas a las siguientes preguntas son las claves para entablar una conversación sanadora con el alma cada vez que se tenga que tratar con uno mismo el tema del perdón.

- ¿Qué acción dolorosa, denigrante o humillante en contra de mi ser tengo clara y sigue presente en mi vida?
- Esa acción que tanto me dolió, ¿qué consecuencias trajo a mi vida?
- En la actualidad, ¿soy el resultado de esas consecuencias?
- ¿Fueron las consecuencias las que me separaron de mis energías originales y perfectas de Dios Padre-Madre?
- ¿Fui mucho tiempo esas consecuencias o las sigo siendo?
- ¿He aprendido a separar la acción de los otros de las consecuencias que me fueron moldeando?
- ¿Sigo pensando en la acción limitándome a no ver las consecuencias y con ello limitando mi perdón?
- ¿Qué chakra o cuáles chakras fueron más afectados por esa acción?
- ¿Qué fue lo que más me hirió, afectó o provocó aquella acción dolorosa?
- ¿Están mis emociones, mis pensamientos y mi cuerpo físico liberado de todo aquello que en algún momento me esclavizó?
- ¿Sigo cargando las cadenas del "amo" aquel que me gritó, torturó, maltrató y se dio la vuelta para continuar su camino?
- ¿Comprendo las circunstancias de todos los que me han herido?

Frente a estas preguntas es importante que se tenga un panorama más claro de las situaciones vividas. Sin pretender resolver del todo las cosas, el conocimiento nos ayuda a mover las energías atoradas, haciendo que los registros empiecen a emerger y a recordar cosas que se creían olvidadas, permitiendo que la edad adulta las comprenda para resolverlas.

Esa es la razón por la cual quizá se han recordado, cosas, personas y situaciones que se habían olvidado a lo largo de los años vividos mientras se ha estado leyendo este libro.

Esta es una reacción muy común cuando se leen mis libros (*Cómo recuperar la salud del alma*, *Dormir, soñar, amar*): los lectores empiezan a tener recuerdos más claros, más vivos.

La personalidad sometida del niño que no entendía qué pasaba, empieza a liberarse y a surgir para liberarse de falsos conceptos por medio de la autosanación permitida por el sistema.

Todos hemos escuchado que cuando nos vamos de este mundo durante el proceso de desprendimiento se nos vienen a la memoria todos los recuerdos de un solo golpe; la vida se vuelve una escena de minutos al ver a personas, lugares y situaciones que formaron parte de nuestra vida, enfrentando nuevamente toda clase de sentimientos con uno mismo de manera vertiginosa e inevitable.

El alma se empieza a desprender del cuerpo mental, emocional y físico y todo aquello que se conservaba dentro de ellos empieza a soltarse rápidamente en el proceso de la desencarnación.

El alma se arropa con cuatro vestidos antes de nacer en la Tierra, a los cuales se les conoce también como cuerpos inferiores: emocional, etérico, físico y mental, que han sido sus ropajes desde la caída del hombre.

> Y *Jehová Dios hizo al hombre y a su mujer*
> *túnicas de pieles, y los vistió.*
>
> Génesis 3:21

Son las fundas de cuatro frecuencias distintas que rodean el alma, proveyéndola de vehículos en su viaje por el tiempo y el espacio.

Cuerpo emocional. Corresponde al elemento agua, tercer cuadrante.[20] Es el vehículo de los deseos y los sentimientos de Dios manifiestos en el ser humano. Mientras no equilibre sus emociones jamás podrá sentir lo que siente Dios por él y por el mundo.

Cuerpo etérico. Corresponde al elemento fuego y es el primer cuadrante en la Materia; también se le llama la envoltura del alma. En él se sostiene el plan divino que el alma viene a cumplir en la Tierra. Se le conoce asimismo como el cuerpo de la memoria, donde se guardan historias de vidas pasadas o del pasado de la vida actual. En él se transporta el alma cuando estamos dormidos o cuando se termina el ciclo de la vida.

---

[20] Cuadrante es una cuarta parte de todas las vibraciones que componen el cuerpo en encarnación.

Cuerpo físico. Corresponde al elemento tierra, y es el cuarto cuadrante en la Materia. Es el más denso de los cuatro cuerpos inferiores y es el foco que lleva a cristalizar en la forma las energías del cuerpo emocional, mental y etérico.

Cuerpo mental. Corresponde al elemento aire y es el segundo cuadrante en la Materia. Es el vehículo para ser el recipiente de la mente de Dios. Mientras no se desprenda de la mente carnal, este cuerpo jamás podrá pensar y ser como su Creador.

Al proceso en el que el alma se desprende de estos cuatro cuerpos cuando termina su viaje en la Tierra se le conoce como transición. Es el paso de esta dimensión a la que sigue, mismo que se lleva a cabo dentro de una aceleración de cambios de energías, que el individuo no siente la muerte al ver todo el escenario de su vida en un último suspiro, dándose cuenta de las muchas cosas que se quedaron inconclusas en el sótano de su inconsciencia y con el tiempo agotado para resolverlas.

Por esta razón, durante la lectura de mis libros se nos ha permitido que surja de la mente la emoción y del cuerpo toda la energía atorada que no es parte del diseño original del alma, para que al tenerse de frente se pueda resolver dentro del tiempo y el espacio correspondientes.

Todo aquello que se ha estado recordando hasta esta página pide ser resuelto urgentemente en el interior, aquí y ahora.

El proceso de desapego ante tanta falsa energía mal aceptada tiene que hacerse en esta dimensión. Cuando ya no hay cuerpo, el trabajo ya no se puede hacer, y las leyes nos piden cuentas de todo trabajo inconcluso y falto de cumplimiento.

Vivimos en un universo creado por leyes y ciclos; todo tiene un principio para que sea cumplido dentro de un tiempo.

Mis libros son inspirados por mis guías divinos; dialogo con ellos cuando duermo, cuando rezo o cuando estoy escribiendo.

Trabajamos juntos en el proceso de escritura para que continúe mi trabajo a través de lo que ellos desean decirle al mundo por medio de las energías que me conforman de forma consciente y amorosa.

Con mis maestros ascendidos, mis ángeles y mi alma gemela hemos creado un equipo para que el mundo sepa lo que necesita para emprender el vuelo hacia la libertad y dejen de existir seres atrapados en la dimensión de miedos, angustias y despojos dolorosos.

Mi alma ha recordado muchas veces de dónde viene, y ese lugar tan lleno de amor y atenciones permanentes no solo me pertenece a mí, sino a todos los que están en la Tierra luchando por encontrar un paraíso dentro del infierno de sus propios tormentos.

No se debe pretender resolver las cosas sin la ayuda del Cielo. Allá arriba tienen todo lo que necesita el alma aquí abajo. Es necesario guardar silencio para reflexionar en los recuerdos que bullen desde el fondo sin que se pueda evitar, porque muchos de ellos son necesidades del alma para pedir y otorgar el perdón. En este proceso de aprendizaje en la Tierra existen seres divinos que nos sostienen; ellos comprenden cuán pesadas son las cargas que la humanidad se ha resignado a llevar consigo.

El desprendimiento de lo que no sirve se inicia con el perdón. Solo perdonando el cuerpo se despoja de lo que no le pertenece, y de ahí en adelante sucede todo lo demás.

La mente se libera de escenas irreales que creó como defensa ante la incomprensión de falsos conceptos en los límites terrenales. Las escenas van saliendo en sueños o recuerdos, emergen para que el libre albedrío tenga la habilidad de no regresarlos a la carne.

Perdonar es una gran habilidad que se aprende practicando diariamente una conducta comprensiva, mas no conformista; tranquila mas no negligente; humilde mas no denigrante.

El perdón es la única conducta real que le permite al ser humano dignificarse a sí mismo.

Quien perdona está libre de pecado y cuida diariamente de no arrojar piedras a otros pecadores.

Perdonar setenta veces siete es el proceso por el que tienen que pasar todos los que están encarnados en esta dimensión. Se ha regresado a ella para hacerlo; quienes se van sin lograrlo quedan atorados en las dimensiones de lo inconcluso.

El principal perdón que hay que trabajar es el perdón a uno mismo ya que el agravio personal se lleva reflejado en el rostro, en el cuerpo y en la salud.

Perdonarse a uno mismo por haber abando-
nado las alianzas con Dios.
Maestra ascendida Leto

A partir de ahí las cadenas empezarán a hacer ruido dando las señales que el alma necesita para llegar a la conclusión de la sentencia autoimpuesta. No se puede dar el primer paso sin haberse perdonado a uno mismo.

Jamás se podrá ver la luz del corazón si no se apartan las tinieblas que rondan el ser. Nunca habrá un día soleado después de noches oscuras si no se trabaja con la misericordia personal que trae el perdón.

Tanto dolor autoimpuesto obliga a vivir con dolor, creando un mundo con situaciones que acarrean lo mismo y circunscriben el alma a la cárcel de la densidad terrenal.

El camino y el paso que tienen que darse para llegar a la meta deben trazarse en un mínimo de tiempo, dentro de un proceso lo menos largo y doloroso.

Afortunadamente eso es posible con el uso diario de la llama violeta, el color del perdón y la libertad. Ella nos aligera la vida para no tener que pasar por todas las angustias que trae el tormento de sentirse solo y desorientado en esta decisión de cambio de energías, en las que se está buscando la paz que solo trae consigo sentirse redimido.

La soledad del proceso será solo una apariencia. Al principio es normal sentirse solo en el dolor por haber aceptado remover las energías para sacar las espinas de la herida. Pero conforme se vaya trabajando en el calor de la oración, la llama violeta y la disciplina, el corazón empezará a sentirse acompañado por esos seres de luz que dejó de ver al fijarse solo en el afuera y en las escenas dolorosas de su vida.

Perdonar como ser perdonados es un derecho otorgado por Dios a todos sus hijos, peregrinos en la Tierra. Nos mandó a su Hijo como la más grande inspiración de ese acto.

Padre, perdónalos, no saben lo que hacen.

Jesús

Hemos estado envueltos en la densidad aglomerada de la ignorancia. Nadie podrá salir de su cárcel sin la luz del conocimiento ni sin conductas virtuosas. Nada que denigre los sistemas de Dios y sus leyes debe justificarse; lo contrario al amor divino desvía el propósito de la existencia de la humanidad.

Dios sabía que cometeríamos errores a lo largo de las etapas de la vida, por eso nos instruyó con sus profetas, porque nunca pretendió dejarnos solos en el camino.

Cuando la atención está demasiado tiempo en el exterior, en el interior se cavan grandes vacíos que provocan que uno deje de conocerse para sanarse y vivir mucho tiempo dentro de la felicidad.

Dejar de culparse, criticarse y justificarse es parte de la educación espiritual saludable. Es importante tratarse con respeto con el único interés de trabajar en la reconstrucción de lo que es perfecto arriba y abajo.

Desde la desobediencia de Adán y Eva fuimos retirados del estado de perfección pero estamos en esta dimensión para recuperarlo; es nuestro salvoconducto al Paraíso. Todo dolor que pasó por la vida sucedió para encontrar el estado perfecto del alma a través del perdón.

En los sistemas de Dios todo tiene una razón para que su creación no pierda su esencia original.

Las relaciones entre los seres humanos han sido como hasta hoy porque no se ha dejado actuar a la imagen y semejanza divina con la que hemos sido creados. Se aceptó vivir en la conciencia de la imperfección profanando el lugar sagrado de la perfección divina que se nos otorgó por derecho de nacimiento. Solo tenemos que volver a recuperarla porque jamás dejó de ser nuestra.

Los escenarios de la vida se han convertido en una pelea de egos, de luchas incansables por encontrar quién tiene la razón ante situaciones que empobrecen el espíritu. Los seres humanos se encadenan unos a otros creando sociedades y países esclavos de la maldad; gritándose palabras ajenas a la compasión y la misericordia. La ambición tomó el control de las mentes justificando el robo, la codicia y la opresión de los valores del alma. La discordia ha sido la mediadora entre unos y otros. Al perder la fe en cualquier cosa que se haga, todo seguirá igual.

El ego, usurpador de la historia de amor entre los matrimonios, las familias, los países, las religiones y los planes divinos, ha dejado sin aliento a razas completas cansadas de intentarlo.

Se ha instalado detrás del corazón para herirlo con sus puntiagudas y afiladas espinas cada vez que desea domarlo, robando más de la perfección del alma para poder crecer en el interior de todos los débiles que le han dado preferencia en sus vidas.

El ego es el que atrapó al niño herido, lo arropó entre sus espinas dolorosas sin que ese pequeño se diera cuenta por tanto dolor que ya llevaba, haciéndolo sentir atendido y querido, esperando el momento oportuno para adueñarse de sus sentimientos y del plan divino de su alma.

Creó escenarios en su vida alejados de la realidad divina en los que el corazón herido por sus afiladas espinas mantuvo limitada su capacidad de expresarse en el amor.

Inmerso en riesgos, peligros, escenas donde la muerte deseaba su luz, este niño sigue vivo porque sus ángeles están pidiendo su libertad y el Cielo entero desea cobijarlo; porque la Madre Omega quiere a su hijo de vuelta en su regazo; porque nadie tiene el derecho de quitárselo. Ella lo reclama para llenarlo de amor, aquí y más allá.

Deja que solo el amor sea el protagonista de tu vida, que sea quien se exprese en tu cuerpo, en tu familia, en tu trabajo, en tu país y en tu planeta. No permitas que nadie usurpe su papel, observa las cosas bellas que trae a tu escenario cada vez que lo dejas actuar. El amor es perfecto y tú también.

Fuiste hecho por Omega, la Creadora de todas las bellezas. Ella vive en ti y solo el amor permitirá que la veas en todo aquello que has dejado de mirar.

El niño de las flores

Hoy hablé con las flores; me llamaron por mi nombre mientras mis sueños estaban en blanco.

Las escuché con mi alma callada queriendo entender por qué, además de bellas, me hablaban con tanto amor.

Estaban en el jardín de mi tristeza, donde me gusta pasear.

Me pregunté cómo llegaron si nunca las hice entrar.

Bendecían mi nacimiento con palabras de colores, con cantos de alabanzas y dulces oraciones.

Les pregunté si me amaban y todas se ruborizaron.

Unas se quedaron calladas y otras de amor gritaron:

"Somos tus pensamientos de niño, somos tus ilusiones, somos tus risas calladas y todas tus carcajadas.

Somos tus sueños olvidados y tus deseos enterrados.

Somos el plan divino que el Señor te ha creado".

Por un momento las vi tan hermosas que no podían ser parte de mí… eran tan felices e inquietas que hasta me hicieron sonreír.

"¿Por qué han renacido?", les pregunté.

"¿Cómo lo hicieron en mi oscurecido ser?".

Me clavaron su mirada parando de sonreír, dejando que la más bella se acercara más a mí.

"Fue una lágrima del Cielo la que nos hizo renacer, gracias a ella hoy podemos volverte a ver".

"¿Pero quién llora por mí?", le pregunté. "¿Una lágrima del cielo, acaso escuché?".

"Sí", contestó la más bella. "Es la Madre del Universo que lloró por ti.

Son sus lágrimas las que desean tu ilusión por vivir".

Desde entonces juego con las flores y le cantamos al amor, sembrando victorias y alegrías a la Madre de mi corazón.

La dedico a mi amada Madre Omega[21] y a todos aquellos que siguen buscando su cobijo materno y con ello su paz.

---

[21] La representación perfecta de la Omega padeciendo por sus hijos es la famosa escultura *La Piedad*, de Miguel Ángel.

La oración, el conocimiento y las disciplinas espirituales son la manera de sanar y liberar el alma, no solo de la ausencia del perdón sino de todas las consecuencia que trajeron a nuestra vida.

Las religiones antiguas se postran ante la Deidad mediante el poder de la oración; le rezan a su corazón y a su omnipotente bondad, alabando el trabajo perfecto que nos comparte diariamente en la belleza del amanecer y en las noches en las que reposa la Luna.

Los ciclos de veinticuatro horas traen cantos, luces, colores, calma, entusiasmo, batallas, dichas, unión, reflexiones, trabajo y renuncia. Todo esto forma parte de la verdadera fiesta de la vida es el festín que alimenta a las almas en el banquete del Padre; las que nunca tienen hambre ni sed de justicia; las que no se equivocan de camino, ni de fiesta ni de amor. Son las almas que mantienen bajo cualquier circunstancia y situación la relación con sus Creadores, porque al final de camino lo que es de la Tierra en la tierra se queda, y lo que es de Dios a su corazón regresa.

"Glorifica mi alma al Señor y mi espíritu se llena de gozo al contemplar la bondad de Dios mi Salvador". Así es como comienza la maravilloso oración *La Magnífica*. Así viven las almas que se mantienen bajo el manto divino de la gracia que solo trae la unción del Espíritu Santo.

Esta unción es verdadera y nos enseña todas las cosas, y se otorga cuando el ser aprendió a soltar todo aquello que interrumpe la relación con sus Padres Divinos, cuando lo que era importante deja de serlo porque la claridad mental pone de frente el valor de la verdad.

El alma necesita del poder la oración y de las disciplinas que Dios nos ha entregado a través de sus profetas, en los rituales para la curación del alma que se equivocó y se sigue equivocando al usar la libertad como herramienta para cavar su propia tumba.

Es la oración la que permite un viaje ligero, lleno de grandes frutos no solo para el alma sino también para la humanidad.

La plegaria, los mantras, los decretos, los cantos sagrados y la oración conforman la disciplina de las religiones madres porque es la manera como Dios Padre-Madre sanan a sus hijos y sus corazones heridos.

La misericordia divina es grandiosa y puede revestirnos de su gracia una vez que se hace la promesa de la propia salvación.

Promesa del alma

Amados Dios Padre-Madre celestiales:
Mi alma es de ustedes y por esa razón
también lo es mi corazón.
*   Bajo este reconocimiento me permito poner mi atención en la limpieza*
de mi ser, aligerando la carga que he
permitido por miles de siglos que me
esclavice.

Mi trabajo será diario. No dejaré pasar ningún día sin hacer mis oraciones y las disciplinas que me han sido confiadas. Porque así como doy por hecho mi diario sustento divino den por hecho que todo los días trabajaré por mí para poder tener la conciencia clara y limpia de poder trabajar por los demás.

Bendigan esta promesa con todas sus bondades. Llénenme de su fuerza de voluntad, cúbranme con su protección cada minuto, para que mi alma pueda cumplir con su plan divino y con todo aquello destinado a mi ser, aquí y más allá de todas las galaxias y sistemas universales.

Lo pido de acuerdo a vuestra sagrada voluntad. Amén.

Antes de hacer esta promesa frente a un altar es importante escribir una carta de perdón a Dios por todas las faltas conscientes e inconscientes cometidas en la vida (se hace de la misma forma que la carta de confesión para tomar la sagrada eucaristía). Una vez que se reconocen las faltas, se encuentra un punto claro para empezar a trabajar en uno mismo.

Los seres destinados a ayudarnos en esto son muchos; todos ellos conocen las aflicciones del alma, las pueden ver y comprender porque en su mayoría ellos transitaron por problemas similares cuando estuvieron en la Tierra. Fueron santos, adeptos y maestros de diferentes pueblos, idiomas e ideas, pero identificados por una misma causa originada en el profundo amor a la Deidad.

Ahora son maestros ascendidos y a través de los mensajeros Mark y Elizabeth Clare Prophet[22] nos entregaron la luz de la sabiduría divina que las almas en transito terrenal requieren para encontrarse a sí mismas.

Los que somos discípulos y trabajadores de los maestros en la Tierra hemos aprendido que nada se puede lograr sin la ayuda de Dios, y que nada es posible si no nace de la esperanza, porque la esperanza tiene la pureza del plan original. Su destellante color brillante enmarca el futuro de una vida resuelta.

Y todos los colores tienen las vibraciones originales de la mente cósmica; ellos nos envuelven antes, durante y después de la vida. Fuimos creados con ellos y de ellos; sus vibraciones nos identifican unos a otros.

Los siete rayos de Dios tejen un manto de sabiduría, integridad, equilibrio, amor, paz, libertad y orden para que las almas se cubran cuando tienen frío por tantas carencias divinas.

[22] Mark y Elizabeth Clare Prophet eran ángeles encarnados dedicados a dar los mensajes de los maestros ascendidos a la humanidad. Ambos lograron su ascensión y su reunión permanente con la Presencia Yo Soy gracias al trabajo tan dedicado que hicieron en sus encarnaciones. Muchos ángeles encarnados destinados a ayudar a la humanidad en sus evoluciones se olvidan de sus planos divinos y quedan atrapados en estas dimensiones, sin poder regresar a sus reinos angelicales. Pero estos mensajeros no solo lograron regresar a esos reinos sino también unirse eternamente con la Presencia de Dios.

Pero el tejido tiene que ser hecho por las propias manos de aquellos que arrancaron sus ropajes santos para cubrirse con el vestido de piel, que tarde o temprano abandona el alma ante la necesidad urgente de regresar a su paz.

Pero la carne tiene que ser sanada porque de carne también es el corazón y todos los compuestos se dañan cuando las energías se detienen en un solo lugar, en un solo evento, en una sola época y en un solo suceso.

Pero así como una casa bien construida requiere de cuidado y mantenimiento, asimismo el ser necesita atenciones especiales para su sano desarrollo.

Niño, adulto o anciano, al hacerse carne sus cuerpos deben purificarse de todo aquello que los mantiene atados a la rueda misericordiosa de la reencarnación.

La reencarnación sigue siendo un tema de discusión en religiones, doctrinas y creencias espirituales; sigue siendo un punto de acuerdo o desacuerdo como guía espiritual, fascinante para la imaginación y cruel cuando se trata de enfrentar la verdad.

No solo fue investigada por los filósofos antiguos, también lo ha sido por médicos y psicólogos contemporáneos. La ciencia no deja de indagar en este fenómeno inexplicable para el hombre, limitado en sus puntos de vista terrenales. Se han buscado pruebas que convenzan al ser humano de que existe más de una vida para que el alma pueda encontrar su último lugar.

Conocer más sobre el tema es una razón que va más allá del ego y de todo concepto humano. Es encontrar una herramienta importante para aprovechar las grandes oportunidades que nos da saber que se puede reencarnar, tanto uno mismo como los seres queridos que han partido.

Si consideramos que infancia es destino y que todo niño que fue abortado sin permitirle con ello cumplir con su misión y saldar sus deudas con el mundo de Dios, ¿entonces su historia se detendría ahí?

Si los seres carentes de misericordia asesinan a sus víctimas sin que estas hayan cumplido con su plan divino, a pesar de que en los Mandamientos Dios dice "No matarás", ¿entonces quedaría su trabajo inconcluso porque ya no hay oportunidades nuevas para su alma?

La reencarnación es una prueba más de la gran misericordia de nuestros Padres Divinos. Es la oportunidad que se necesita para regresar al Paraíso. Es la forma de experimentar el Todo de todas formas.

De cierto te digo que no saldrás de ahí hasta que pagues el último cuadrante.

Mateo 5, 26

De acuerdo con las enseñanzas de los maestros ascendidos, los cuadrantes son los cuatro cuerpos inferiores conectados con los cuatro elementos que sostienen la vida; son los pilares del templo donde vive nuestra alma.

Los Cuatro Elementos correspondientes a
los Cuatro Planos de la Materia,
las Cuatro Personalidades de Dios
y los Cuatro Cuerpos Inferiores del Hombre

Nos revestimos de estos cuadrantes para desarrollar nuestro papel en la Tierra.

Volver a nacer es la prueba máxima de la confianza que se nos tiene. Quien no valora esta oportunidad no valora ninguna cosa de la vida.

Creer que somos almas reencarnadas puede llevarnos a la explicación de muchas cosas, entre ellas, cómo los niños aprenden a hablar tan rápido, a pedir y a ser independientes desde pequeños.

A comprender a través de las personas que han regresado y que recuerdan dónde vivían en su última vida, con pruebas suficientes para que la conciencia humana las acepte. Creer en la reencarnación es un acto de gratitud, al valorar la gran oportunidad que se nos sigue ofreciendo.

Por lo general se reencarna cerca de las almas con las que no se han saldado las deudas, por tanto, la convivencia tiene como meta desarrollar el amor en la relación. Dejar que el amor sea el protagonista de toda relación que se va presentando en la vida se vuelve una tarea difícil en la que la incapacidad toma un lugar inapropiado haciendo que el ser se olvide de la misión que viene a desarrollar al enfrentar las pruebas que, vencidas, incuban el amor.

Regresemos, entonces, al estado de la perfección original del alma; organicemos todo lo necesario para luchar batalla tras batalla hasta lograr la victoria del perdón. Seamos almas que, pase lo pase, desean pagar el precio de regresar al Paraíso.

Autodiagnóstico interior

Tomando en cuenta que el alma se encuentra debajo del plexo solar y arriba del chakra de la base de la columna, es importante aprender a sostenerla entre estas dos fuerzas para la liberación de todo aquello que se ha detectado en el autodiagnóstico interior durante la lectura de este libro.

El chakra del plexo solar, que se encuentra entre el estómago y el ombligo, necesita paz para desarrollar su fuerza y el chakra de la base seguridad y confianza para hacer bien su trabajo. La siguiente afirmación debe ser meditada antes de anotar o profundizar en cada una de tus respuestas.

Yo soy la paz que ilumina a todo hombre que viene al mundo.

Mi cuerpo respira paz, contiene paz y exhala paz. Yo soy paz, busco paz y encuentro paz. La respiración es el aliento del Espíritu Santo. La tercera persona de la Trinidad es quien nos da el aliento al nacer y lo retira con amor el último día de nuestro ciclo terrenal.

Mientras el alma no se vaya liberando de todas las torturas que ocasionan la falta de perdón, el viaje por la Tierra será pesado, infructuoso y doloroso.

La compasión es una de las virtudes que está incluida en el proceso de la sanación.

Ser compasivos con uno mismo y los demás es el desafío de todas las evoluciones. Las culpas deben borrarse de la memoria humana. Hemos reaccionado por instinto, consecuencia, historia, carácter, desafío, pruebas y creencias.

Venimos a crecer resolviendo. Es una pérdida de tiempo estancarse y justificarse en la culpa.

La culpa es una gran herramienta para manipular. Quienes la usan a su favor reciben grandes beneficios de sus presas.

Sentirse culpable debilita el carácter sometiéndose a los deseos de los demás, y esos "demás" son muchos en el mundo.

La culpa no es una enfermedad; tampoco es un padecimiento; es un sentimiento creado por intereses externos desde la irrealidad.

El carácter del ser humano fue moldeado por las circunstancias de su entorno. Cuando se comprende esto, todas las situaciones que lo llevaron a actuar mal en contra de sí o de los demás se entienden con compasión hacia uno mismo.

La compasión enaltece y ayuda a comprender las debilidades que ocasionaron la falta de amor en el desarrollo del carácter, y se tiene un punto de partida para empezar el trabajo profundo de convertirlas en fortaleza.

La lástima degrada el valor en el ser humano, borra todo valor de la esencia divina. La lástima minimiza, aplasta, separa a los hombres con los conceptos de superioridad.

La compasión extiende la mano para elevar al desamparado hasta nuestro corazón.

La culpa, entonces, debe borrarse de la mente consciente, inconsciente y subconsciente para crear un carácter libre destinado a unir las piezas de su integridad.

Las imágenes de Jesús sangrando en la cruz, los rostros de santos atormentados por el sufrimiento y las oraciones acompañadas de palabras por las que se obliga a alguien a declararse culpable, tienen que dejar de existir para estas nuevas evoluciones, urgidas de rescatar cada una de las gotas de su luz absorbidas por la ignorancia creada por los sistemas, las épocas y los intereses.

El *Rosario de la Nueva Era* es un instrumento para liberar a la humanidad del sentido de pecado y de la doctrina errónea del pecado original. Pues toda alma es concebida inmaculada por el Dios Todopoderoso, y Dios Padre es el origen de todos los ciclos del ser del hombre. Aquello que es concebido en pecado no es de Dios y no tiene poder ni la permanencia de la realidad. Todo lo que es real es de Dios; todo lo irreal desaparecerá a medida que el hombre se una con la llama materna. La recitación diaria del rosario es un medio seguro para esta unión.

Para aprender a rezar el *Rosario de la Nueva Era* se sugiere buscar los grupos de estudio de Summit University en tu ciudad, o también se puede rezar el Rosario tradicional mencionando el *Ave María* de la nueva era, así como el *Padre Nuestro*.

Ambos el fueron dictados a Elizabeth Clare Prophet, mensajera de los maestros ascendidos, para la nueva conciencia y sostienen en cada palabra la luz que el alma necesita para cambiar su conciencia irreal hacia la conciencia real que es la de Dios.

Estas dos oraciones, así como todos los decretos firmados por ella con el sello de la Universidad son confiables dentro de la estructura correspondiente y cumplen con el propósito de rescatar la luz de cada hijo e hija de Dios que se encuentre lejos de su conciencia divina. Ambas oraciones se incluyen en la sección de oraciones y decretos al final del libro.

Las lástima, la culpa y la limosna son conceptos impuestos e indignos de los hijos e hijas de Dios.

La compasión, la comprensión y la ofrenda son conceptos reales y dignos de ser desarrollados y encarnados en la conciencia, ser y mundo de todos los seres nacidos, para ayudar correctamente a los que están por nacer.

Las ofrendas son aquellos regalos que nacen del corazón.

En algunas civilizaciones antiguas, doctrinas y religiones las ofrendas se daban a la deidad como símbolo de gratitud por todo lo recibido. Los rituales que marcan cada ciclo importante del alma, aun en los tiempos actuales, se celebran con algún tipo de ceremonia y ofrendas amorosas.

La limosna, en cambio, crea conceptos equivocados de la prosperidad y fortuna divina. Genera conciencia de pobreza, miseria y hasta prepotencia. Quienes acostumbran esta práctica tienen muy mal concepto del dinero y la religión. Cuestionan y ponen en tela de juicio todo, sobrecargando de valor unas cuantas monedas y minimizando el hecho de que cuando es para Dios esto se convierte en un verdadero compartir.

Dios no merece la limosna de nadie; merece las mejores ofrendas nacidas de los corazones que lo aman.

Las ofrendas siempre deben ser bendecidas por un sacerdote, reverendo, ministro, rabino o pastor y ofrecerse ante el altar.

Cualquiera que esta sea, antes de colocarla a los pies de la Deidad en señal de humildad y reverencia pide que sea bendecida.

Puedes ofrecer flores, esencias, dinero (el diezmo es una ley; la ofrenda es un regalo. El dinero puede emplearse en tu congregación para el mantenimiento del edificio o para cubrir los gastos de luz, agua, teléfono, todo aquello que mantenga de pie un lugar para servir a Dios con oración y rituales sagrados.) Cuadros de arte sacro, velas con aromas, cuarzos o piedras semipreciosas, telas de finas fibras para el altar. O piezas importantes para los altares que se usen en tu religión.

Hacer ofrendas en un acto muy bello para el alma; es una forma de regalarle a Dios una flor de nuestro jardín.

El amigo principal

Todo hemos escuchado hablar de nuestra ángel de la guarda, aquel que está a nuestro cuidado desde el día de nuestro nacimiento hasta el último día de nuestra vida.

Si bien todos los ángeles, si se les pide, nos pueden cuidar, proteger, asistir y visitar, todos tenemos un amigo muy especial. Su trabajo es excepcional; está al pendiente de lo que necesitamos; nos asiste de forma personal con su trabajo fiel, justo, amoroso e incondicional. Su nombres es ser crístico, ángel de la guarda o amigo principal.

Todos los hijos de Dios tienen uno que se encuentra sobre nosotros y está conectado con nuestro corazón, y desde su corazón baja la luz del Padre-Madre para darnos vida.

Este ser crístico cuida todo nuestro proceso en la Tierra. Está al pendiente de todo aquello que el alma necesita y aboga por nosotros durante y después de terminar nuestro ciclo en la Tierra.

Una vez hecha la transición, al alma se le van a pedir cuentas. Eso se lleva a cabo por medio del Gran Consejo Kármico, constituido por ocho seres que revisan paso por paso todos los días de nuestra vida. Si bien lo hacen con infinita misericordia y compasión, no dejan de revisar falta por falta, acción por acción.

También durante este proceso nuestro santo ser crístico se mantiene a nuestro lado, igual que un excelente abogado, y cada vez que una falta es mencionada sale en nuestra defensa. No importa lo que haya sido, él siempre encontrará razones amorosas por las cuales cometimos errores.

Aunque todo incumplimiento a la ley es una gran falta, él tratará de que se comprenda en qué parte de la dolorosa historia dejamos de creer, amar y ser compasivos, lo que nos condujo a las conductas que atentaron contra uno mismo y los demás. Nuestro amigo, abogado y ángel de la guarda nos ama incondicionalmente y está a nuestro servicio para que no nos perdamos en el camino de regreso a casa.

El alma del maestro Jesús fue la única que encarnó a su propio santo ser crístico, lo llevó a la carne cuando nació en Belén junto con su madre María y su padre adoptivo José.

Dios Padre-Madre permitió que esto se llevara a cabo para la limpieza de nuestras faltas. Este ser crístico, incorruptible, perfecto, digno, respetuoso, abogado, compasivo, valiente y valeroso de Jesús, se hizo carne y caminó entre nosotros.

Ser como el Cristo es ser esta conciencia.

¿Cree usted en la divinidad de Cristo?
—preguntó un visitante—. Ciertamente
—respondió Paramahansa Yogananda—.
Me agrada hablar de Él porque era un

hombre de perfecta realización espiritual.
Sin embargo, no fue el único hijo de Dios,
ni tampoco afirmó serlo. En lugar de ello,
Jesucristo enseñó claramente que quienes
cumplen la voluntad de Dios llegan a ser
uno con el Señor, tal como lo fuera Él mismo.
¿No fue acaso la misión de Jesús en la
tierra recordarles a los seres humanos que el
Señor es su Padre Celestial y mostrarles el
camino de regreso a Él?

Paramahansa Yoganda, máximas

Para elevar nuestras oraciones y peticiones, es importante hacerlo dentro del orden que nos pide la jerarquía cósmica. Se debe mencionar primero a Dios, "Yo Soy el que Yo Soy", después a nuestro santo ser crístico o el santo ser crístico de cualquier otra persona que desees proteger, cuidar o llegar a un acuerdo con ella, y después a los demás seres de luz que desean mencionarse.

Nadie llega al Padre si no es por mí.

Jesús

El ser crístico es el foco individualizado del unigénito del Padre, lleno de gracia y de verdad. El Cristo Universal individualizado como la verdadera identidad del alma; el Yo real de todo hombre, toda mujer y todo niño, hasta el que se debe de elevar el alma. El ser crístico es el Mediador entre el hombre y su Dios. Es el instructor, maestro y profeta personal del hombre.[23]

Pertenecemos a una estructura jerárquica; todo tiene un orden para llegar a un punto. Cuando se conoce este orden cósmico, las oraciones, los decretos y la disciplina espiritual funcionan en la vida del practicante.

Recuerda que por mucho que juzgues a alguien y solo veas la parte oscura de su alma, tiene un ser crístico que aboga por él.

Para pedirle perdón a alguien, o para entablar una conversación privada, se sugiere escribirle una carta a su santo ser crístico explicando los agravios, molestia, sentimientos, angustias o cualquier otro sentimiento, que esa persona no escucharía si la tuvieras de frente. Ten la plena confianza de que su santo ser crístico le pasará el mensaje con mucho amor a su alma.

Tienes que redactar la carta de la siguiente forma:

> *En el nombre del Yo Soy el que Yo Soy y en*
> *el nombre de mi santo ser crístico, santo ser*
> *crístico de… te pido que le lleves este mensaje*
> *sincero a su alma.* (Escribir el mensaje.)
> Firma y nombre

Se envía con la protección de san Miguel Arcángel, como se ha instruido para otras cartas y después se quema.

---

[23] *Los Maestros y sus retiros, op. cit.*

Todos los que tienen en su corazón una llama trina, llevan el sello de los hijos e hijas de Dios. Esta llama trina es una réplica del corazón de Dios en nuestro corazón. Tiene los tres aspectos de Dios en tres colores que se encuentran entrelazados en un espacio de un milímetro.

Esta llama corre el riesgo de apagarse por tanta acumulación de karma negativo, y cuando el alma pierde el contacto con su divinidad se vuelve sanguinaria, fría y malévola.

El rosa es el aspecto del amor de Dios; el azul es el aspecto del poder de Dios, y el amarillo es el aspecto de la sabiduría de Dios. Nuestro trabajo en la Tierra es hacer crecer esta llama al tamaño de nuestra estatura.

Esa llama trina es nuestra chispa divina, réplica del corazón de nuestros Padres Universales. Cuando los necesites, siéntelos en tu corazón.

Necesitamos un corazón limpio para tener contacto con ellos. Por esta y todas las razones del mundo, es importante mantener limpio el chakra del corazón.

Tenemos muchos otros chakras en todo el cuerpo. En total son 144 puntos de energía, pero los principales son los siete ya mencionados.

Cuidar nuestro cuerpo es cuidar el templo del alma.

Necesitamos al Espíritu Santo para nuestra evolución planetaria; Él es el Gran Consolador, su aliento nos llena de vida y entusiasmo para seguir adelante. Es quien sopla el aliento de vida en el cuerpo cuando nacemos y enciende la llama trina en la cámara secreta de nuestro corazón. Por tanto, necesitamos preparar el templo corporal como morada del Altísimo.

Su mantra es "Ven Espíritu Santo, ilumíname". Y su radicación se atrae con la composición musical *Homing*, de Arthur Salomon.[24]

---

[24] Para conocer más sobre el Espíritu Santo se aconseja revisar el trabajo de Maha Chohan sobre las Enseñanzas de los Maestros Ascendidos.

El perdón es el tesoro más cotizado en la vida del cualquier hombre y en la historia de cualquier mujer. Es el camino largo que brinda agua al sediento, pan al hambriento y descanso al andador.

Es la tierra que se ara, se trabaja y se cosecha con el sudor de la frente y las grandes heridas del corazón.

Hablar del perdón es hablar de esta vida y de todas las que dejamos atrás.

El trabajo parece mucho cuando no se ha comenzado aún, pero en realidad, con tanto atraso evolutivo apenas si nos alcanzan los días para dedicarnos a la liberación del alma y encontrar el regreso al Paraíso.

Así como se ha dedicado tiempo a la diversión, a los vicios, a la tristeza, al desconsuelo, a la depresión, al enojo, a los celos y a todo lo que no enriquece verdaderamente el ser, hoy es tiempo de dedicarle tiempo a Dios a través de uno mismo, porque mientras los sistemas religiosos no cambien su relación con la humanidad y todos los creyentes, las sociedades seguirán igual, o quizá peor, ya que no hay que olvidar que hay niveles de degradación.

Venimos a evolucionar y esa es la meta de cada ser nacido en el planeta. Estamos conformados para lograrlo a través del trabajo, el servicio, el matrimonio, la familia, la sociedad y nuestra relación con la Deidad.

No es posible hacerlo solos porque nacimos de algo más. Las capas tienen mucha carga y el velo se densificó. El trabajo es intenso, largo y muchas veces será tedioso, pero recuerda que el aliento de la vida se termina y las oportunidades se van con él.

La fuerza para lograrlo no te la dará el hombre, te la dará tu fe. Deja al hombre en su lugar y sigue tu camino. Cumple con Dios para que te llene con todas sus bondades en todos los ciclos por lo que pase tu alma.

Que sean, pues, de hoy en adelante tus pasos firmes, seguros y constantes en el camino de regreso al Paraíso. De corazón, que así sea para todos.

Sea dicho y resguardado por la Gracia de nuestros Padres Celestiales y toda su Jerarquía Cósmica.

AMÉN

Frases, oraciones y decretos

A continuación el lector encontrará oraciones, decretos y llamados para trabajar juntos en la nueva conciencia de libertad individual a través del trabajo personal en la oración.

Frases para limpiar el camino al Paraíso

- Sanar el alma es un acto de gratitud a la vida.
- Perdonar es la medicina del corazón.
- Todos tenemos el derecho de perdonar y ser perdonados.
- Quienes perdonan, cuando perdonan y cómo perdonan alivian a todos los involucrados.
- Las células del cuerpo se vuelven a encender con la luz divina cuando el individuo le otorga el perdón al lado oscuro de la ignorancia, la maldad o la perversión.
- El perdón le abre la puerta a una vida digna y respetuosa.
- El perdón solo se entiende con el perdón.
- Los ejemplos para inspirarnos en el poder de perdonar son nuestros Padre Divinos, quienes a pesar de todo siempre nos perdonan.
- La compasión se expresa en la mirada, las palabras y las acciones de aquel que un día decidió perdonar.

- El rencor es esclavitud; el perdón, libertad.
- Aunque el destino no se pueda cambiar, el ser humano tiene la capacidad de modificar sus energías para sincronizarlas con todas las bondades de la perfección divina.
- Mientras más divididos estemos en razas, religiones e ideas políticas, más fácil será la justificación de las guerras y el abuso de poder, generando la separación entre los corazones puros.
- Aumentar la capacidad de nuestras fuerzas para lograr la propia liberación del alma es un trabajo que requiere no solo de tiempo sino también dedicación.
- Otorgar el perdón no es cuestión de suerte, de humor, de religión, de convencimiento o de destino; es cuestión de llegar a una meta donde se demuestra el verdadero logro personal.
- Un corazón envenenado por sentimientos rencorosos, mal intencionados, lleno de miedos, enojos, angustia y temores, sin duda alguna bombea veneno por la venas y dolor a los demás.
- Dios Padre-Madre nos alimentan con su luz todos los días, tal como lo hace una madre con su hijo cuando lo tiene en el vientre nutriéndolo por medio del cordón umbilical.
- El amor es la bebida de aquellos que se convirtieron en dioses, el elíxir que se bebe en sorbos pequeños para disfrutar del sabor de las virtudes que lo componen; es el latido de los galopes que

están llegando a cada línea de la vida que cumple su propósito.

- La palabra *perdonar* contiene después de la primera sílaba la palabra *donar*. Al igual que en inglés *forgive* en dos partes significa "para dar".

- Recuperar los conceptos del amor es la tarea más importante en esta era de Acuario. Para volver al corazón del Padre y la Madre se requiere volver a amar, con la misma intensidad que Jesús y los grande santos de Oriente y Occidente lo han hecho al pasar por este ciclo terrenal, cumpliendo cada uno con la misión del alma.

- Cuando se habla de cuidar al prójimo se empieza desde el punto de partida personal, único lugar donde se adquiere la práctica.

- Venimos a madurar como almas que recuperan la fuerza en cada prueba superada.

- La fuerza que todo lo empuja dentro del gran reloj cósmico es al amor; el recorrido hacia cada línea nos lleva a un aspecto divino para recogerlo y hacerlo parte de nosotros.

- Sin amor no hay avance; sin avance no hay evolución.

- Mientras más rápido recuperemos los conceptos del amor, mas rápidamente avanzaremos en cada línea, recogiendo al tiempo las joyas que nos tienen por herencia cósmica nuestros padres originales.

Ayunos de silencio

Nuestra estructura divina se encuentra en el interior. Es de santos escucharse y hablarse varias veces al día a lo largo de toda la vida. El ruido externo y las voces ensordecedoras que provienen de la incompetencia de los corazones endurecidos por sus propios ruidos le quitan un lugar importante a la quietud del silencio interior.

Buscar los momentos mágicos del silencio es posible cuando hemos aprendido a meditar, rezar, orar o a mantener la calma dentro del vórtice caótico de la vida cotidiana personal y planetaria. Regresemos a la practica del silencio.

Hablando con el interior

Se crearon mil excusas para desobedecer y las trampas han funcionado más de lo que se podía haber esperado. Estamos inmersos en una playa de oleajes gigantes, donde unos con otros encontraron refugio en las profundidades de la irrealidad. Es tiempo de emerger en la conciencia de Dios.

***

Cuando un ser humano pierde la capacidad de amar incondicionalmente y de ser agradecido, pierde también la gran oportunidad de construir cosas magníficas y sólidas para su alma, ya que los sentimientos equilibrados que se mantienen fuera de la influencia de la mente carnal, psicópata, psíquica, controladora y manipuladora, son sentimientos dentro con el equilibrio necesario para reconstruir de manera constante y sin límites las similitudes divinas de la gran Creación.

***

Una mente fuere sin equilibrio nunca se enfoca; siempre tiene prisa; piensa en varias cosas a la vez; evade, y lo que es más grave para el alma, nunca se compromete.

***

Sin equilibrio no hay avance.

Perder el equilibrio es muy fácil, más aun cuando no se ha discernido la parte importante de esta acción en nuestras vidas.

─────

Cuando un río caudaloso fluye no se detiene aunque en su cauce encuentre troncos, ramas, piedras o cualquier clase de basura que pueda interrumpirlo.

─────

En los compromisos se encuentran las oportunidades para evolucionar, crecer y madurar. Evadir los compromisos representa pérdidas millonarias para el alma.

─────

Cada uno está destinado a comprometerse con algo o con alguien precisamente para encontrar el camino de su evolución y su reunión eterna con el Alfa y la Omega.

─────

Cuando un ser humano pierde la capacidad de amar incondicionalmente, pierde la gran oportunidad de ser un gran constructor con Dios.

─────

Los compromisos son los indicadores para conocer nuestra misión, pero es importante aprender a discernir diariamente la realidad de la irrealidad, para no atraer compromisos ajenos o que dejaron de ser nuestros hace muchas historias.

La realidad es una gran herramienta para cuidar la luz.

Nuestros creadores, el Alfa y la Omega, nos incluyeron en sus ciclos, nos dan su luz para que seamos libres en la experiencia de amar, para recorrer todas las líneas del reloj cósmico experimentando el amor en cada vivencia encontrada.

Compromiso no cumplido, ciclo no concluido.

Quienes no son capaces de cumplir con sus compromisos básicos, personales, familiares, laborales y sociales, mucho menos podrán cumplir con los compromisos del alma.

A veces el no limpiar nuestro hogar, no cuidar de la familia, del trabajo y de la economía nos retrasan también en la oportunidad de evolucionar.

Todas las personas que están comprometidas con la vida se declaran exitosas y victoriosas; llevan el entusiasmo en sus rostros; saben cómo cumplir con lo que les corresponde y cómo decir no a lo que nos les corresponde.

Sus energías tienen un ritmo que no se detienen ante situaciones menores; saben guardar su luz para usarla en situaciones muy necesarias.

⁓

Estar comprometidos con cada cosa, pequeña o grande, que sea nuestra, es el inicio imparable ante la gran oportunidad diaria de evolucionar cerrando nuestros ciclos a tiempo.

⁓

Si se vive en la baja conciencia de la irresponsabilidad y la negligencia, tarde o temprano las leyes que se dejan de cumplir reclaman justicia, es decir, el ajuste de cuentas.

⁓

En cada dimensión hay leyes; en la nuestra también y la gran ley que está por encima de las demás es la primera: "Amarás a Dios por sobre todas las cosas." Cumplir esta ley nos mantiene a salvo. Amarlo por sobre todas las cosas que antepones a su amor.

⁓

La impaciencia, la negligencia, el desorden, la impureza, la depresión, el odio, la intolerancia, la injusticia y demás actitudes en contra, nos alejan del principal mandamiento "Amarás a Dios por sobre todas las cosas", y de los demás, pues quien no cumple el primero disminuye su capacidad de observar con rectitud el resto de mandatos divinos.

※

Es imperdonable para nosotros mismos perder la gran oportunidad de regresar al punto donde fuimos creados.

※

Cuando un ser humano pierde la capacidad de amar incondicionalmente, pierde la gran oportunidad de ser un gran constructor con Dios.

Dolores del alma

Una situación que está fuera de nuestras manos y atenta contra nuestra integridad física, mental, emocional o moral, genera heridas profundas en el alma. Cuando no han sido comprendidas y resueltas, estas heridas se convierten en conductas que van integrándonos con el mundo exterior, y crean el tipo de relaciones que van escribiendo nuestra historia personal.

Somos experiencias que caminan, hablan, ríen y lloran. Somos producto de cada momento que se vive desde el corazón. Somos peregrinos que buscan la Tierra Prometida, aquella donde todo es comprendido y perdonado. Donde las ataduras de los conceptos humanos no detienen nuestro avance.

Evadir las responsabilidades de nuestras acciones es la pauta que no ha podido cambiar la historia desde entonces; la responsabilidad es sinónimo de independencia y libertad.

Perdón y pecado. ¿Acaso existe uno sin el otro?

Ningún ser humano puede hallar la verdadera paz sin haber vencido los tormentos de sus errores.

Todo aquel que peca en contra de su hermano, causa daño y lesiones que lastiman profundamente el alma que ha sido creada desde el amor cósmico que nunca deja de buscar.

Cuando tus energías se enfocan en la vida de aquellos que te han dañado, sin tu perdón, tarde o temprano los conviertes en tus dueños.

Toda la energía es de Dios; todo lo que vemos y no vemos, lo que se mueve y lo que se queda quieto, todo es de Él. Se nos pide el diez por ciento de lo que ganamos para medir nuestra capacidad de excelencia de lo que estamos dando y recibiendo.

Dios solo nos pide devolverle el 10% de sus energías para mantener el vínculo de Padre e hijo.

Cualquier duda interna que se responde desde la realidad divina garantiza el avance hacia las cosas buenas que nos esperan en la vida.

La irrealidad es la enemiga que nos aleja de la realidad, una de las doce virtudes que conforman nuestra esencia divina.

Vivir una vida en la irrealidad genera personalidades falsas; no se puede verdaderamente. Si todo lo que se vive se hace desde la irrealidad a la que conforman la egolatría, la soberbia, el interés, el egoísmo y el servilismo, ninguna conducta contraria al origen de lo que somos es de verdad.

Somos todo lo que es Dios. Somos sus hijos y fuimos creados a su imagen y semejanza.

Una persona realista conoce sus capacidades y límites, trabaja para lograr la perfección que reconoce en su interior cuando acepta por convicción propia que ha sido creado por un Ser supremo, poniendo como ejemplo en sus vidas a todas aquellos a quienes admira en amor divino por el logro que han alcanzado sus almas.

Nunca buscarás la satisfacción para alimentar tu ego o tus intereses carnales y terrenales, todo eso se crea desde la irrealidad con fecha de caducidad. En cambio, el trabajo del alma permanece en el contrato cósmico del tiempo y espacio donde se está moviendo según la calidad de las energías que va generando.

Para alcanzar la victoria del alma y lograr la integración total con Dios es indispensable el desarrollo de la excelencia.

Dios necesita corazones limpios para poder habitar en ellos y compartir todas sus bondades sin ningún riesgo.

El dolor de un solo momento o una situación puede adueñarse de toda una vida destinada a la libertad.

El hombre por si mismo busca la libertad de su tierra, de su alma y de su espíritu. Busca la libertad para experimentar y resolver la vida como la está percibiendo y viviendo. Busca con ella su plenitud, su familia, su fuerza y su misión. Los hombres y las mujeres que hemos poblado este planeta buscamos siempre lo mismo, lograr las cosas para encontrarnos en cada reto vencido.

Pasión divina

Soñamos los sueños y creamos los deseos en lo más profundo de nuestro ser, buscando los momentos que nos apasionen pese a cualquier circunstancia que nos envuelva. Esta misma pasión es la que nos realiza o nos ciega ante el peligro y los retos por venir.

La pasión está ligada al fuego, uno de los elementos que componen la estructura planetaria. Esta energía, que proviene de nuestro Sistema Solar, es la que mantiene con vida cada alma que transita por este planeta.

Es la luz de Dios que nos alimenta cada veinticuatro horas. Es el pan nuestro de cada día. El fuego sagrado que refleja al Padre en sus hijos.

> *Y les hablo Jesús otra vez, diciendo: "Yo soy la luz del mundo, el que me sigue no andará en tinieblas, mas tendrá la lumbre de la vida".*
> Juan 7:12

Este fuego que vive dentro de nuestro ser, cuando no se regula correctamente y se desperdicia en rencores, enojos, ira, furia, deseos de venganza y resentimientos, consume rápidamente las energías destinadas a nuestro progreso espiritual y personal y se extingue en enfermedades y en una triste vida de interminables vacíos y remordimientos constantes. Cualquier persona que haya dañado alguna parte de tu vida, si no le has otorgado el perdón, tiene retenida la luz, la energía y el fuego de tu alma destinada a su libertad, ya que el corazón, como centro de distribución energético, mantiene el vínculo a través del sentimiento bueno o malo hacia algo o alguien.

El ladrón solo viene a robar, matar y destruir, mientras que Yo he venido para que tengan vida y la tengan en plenitud.

Juan 10:10

Las deudas que nos han impuesto como humanidad algunas organizaciones religiosas se han ido acumulando con las deudas personales, familiares y sociales, creando conciencias deudoras.

Quienes viven a la defensiva, suscitan conductas ofensivas e inconscientes hacia uno mismo, bloqueando toda virtud creada en los individuos para su crecimiento espiritual, Generando con esto progresos limitados.

Quienes no se han permitido perdonar, además de llevar una carga que desgasta, enferma y desorienta, olvidan que la vida va más allá de la carne y la materia, que se vienen a trabajar el espíritu y el alma, energías eternas que nunca dejan de evolucionar.

Todo un ciclo terrenal puede desperdiciarse al quedarse en una experiencia que mantiene la conciencia atrapada.

Vivir tanto tiempo en una misma situación dolorosa, generada por la inconsciencia o la inmadurez ajena o personal, crea esclavitud en todos los sentidos.

Las sociedades actuales en su mayoría evaden el amor en su máxima potencia, creando conductas que van en contra de la naturaleza del ser, familiarizándose cada vez más con la agresión, la critica, la condena y el juicio. El poder en el hombre sigue en la postura altanera de quitarle el lugar que le corresponde a Dios.

La palabra *pecado* ha oprimido durante ciclos la grandeza de las almas, creando un foco de atención que las aleja de su propia divinidad.

Las deudas que nos han impuesto como humanidad algunas organizaciones religiosas, se han ido acumulando con las deudas personales, familiares y sociales, creando conciencias deudoras.

Hemos sido creados con la virtud de la libertad; somos seres libres para tomar decisiones en cada etapa de la vida; libres para buscar la felicidad y para superar las adversidades que nos encontremos en el camino a la realización.

DECRETOS

Los decretos deben llevar un orden para que funcionen. Se recomienda hacerlos todos los días y no desistir en la disciplina, ya que el viaje terrenal requiere de constancia y esfuerzo para salir victoriosos de las batallas inesperadas que se vayan enfrentando.

El orden en el que deben de hacerse diariamente frente al altar casero es como se mencionan enseguida:

- **Tubo de luz**
  San Miguel Arcángel.
- **Kutumi**
  Oraciones escogidas de los ángeles de los chakras.
- **Llama violeta**

Se puede estructurar la matriz de luz que se desee trabajar de manera específica. Aquí se ofrece una manera fácil para empezar a trabajar con la energía sagrada de los maestros y ángeles, pero hay muchas otras formas para trabajar que nos sugieren los maestros y se enseñan en los grupos de estudio.

La que se escoja, según la necesidad, se tiene que iniciar con Tubo de luz y San Miguel, y siempre para finalizar elegir decretos de llama violeta.

Tubo de luz

El tubo es la luz blanca que desciende directamente de la Presencia Yo Soy. Es la luz de Dios que nos rodea para la protección de nuestros cuatro cuerpos inferiores y la evolución del alma.

Se hace antes de dar inicio a la sesión de oraciones y decretos del día para que la luz que descienda no se escape e ilumine lo que somos y vinimos a ser, al quedarse alrededor de nosotros para la protección del día.

Cuando se grita o se molesta uno mucho este tubo de luz se rompe; por tanto debe hacerse de nuevo las tres veces respectivas.

> *Tubo de luz, amada y radiante Presencia*
> *Yo soy. Séllame en tu tubo de luz de llama*
> *brillante. Maestra Ascendida ahora invocada*
> *en el nombre de Dios, que mantenga libre*
> *mi templo aquí de toda discordia enviada a*
> *mí. Yo soy quien invoca el fuego violeta para*
> *que arda y transmute todo deseo persistiendo*
> *en el nombre de la libertad, hasta que yo me*
> *una a la llama violeta.*[25]
> (Se repite tres veces.)

Después del tubo de luz como principal oración para proteger la luz que desciende, seguir con la oración de san Miguel Arcángel como orden para cubrirnos con energías protectoras.

Preámbulo

> *San Miguel Arcángel, en el nombre del*
> *Yo Soy el que Yo soy y en el nombre de mi*
> *santo ser crístico, santos seres crísticos de*

[25] *Copyright* Summit Publications, Inc.

toda la humanidad, amados san Miguel
Arcángel, amados Gurú Ma y Lanello,[26]
todo el espíritu de la Gran Hermandad
Blanca y la Madre del Mundo, vida
elemental, fuego, aire agua y tierra yo
decreto: (hacer peticiones personales o
incluir alguno de los "llamados" que se
comparten en la sección de llamados).

Decreto

1. San Miguel, San Miguel
   ¡Invoco tu llama, libérame ahora
   esgrime tu espada!

Estribillo
Proclama el poder, protégeme ahora.
Estandarte de fe despliega ante mí
querido Miguel.
   De Dios estandarte de fe despliega ante
mí. Relámpago azul destella en mi alma
radiante. ¡Yo Soy por la gracia de Dios!

2. San Miguel, san Miguel yo te amo de
   veras, con toda tu fe imbuye mi ser.

[26] Gurú Ma y Lanello son los nombres en estado ascendido de
Elizabeth y Mark Prophet, quienes asisten a todos los estudiantes
de los maestros.

3. San Miguel, san Miguel y legiones de
azul, selladme y guardadme fiel y leal.

Coda

Yo soy saturado y bendecido con la llama
azul de Miguel. Yo soy ahora revestido
con la armadura azul de Miguel.
(3 veces)

Cierre del decreto

Y con plena fe acepto que esto se
manifieste, se manifieste, se manifieste
(se repite tres veces) aquí y ahora mismo
con pleno poder eternamente sostenido,
omnipotentemente activo, siempre
expandiéndose y abarcando el mundo,
hasta que todos hayan ascendido
completamente en la luz y sean libres.

Amado Yo Soy, Amado Yo Soy, Amado
Yo Soy.[27]

Oración Yo soy Luz del maestro
ascendido Kutumi, psicólogo divino

Esta oración se usa para sanar los errores que tienen atrapada la mente, consciente, inconsciente, subconsciente o supraconsciente con supersticiones, falsos conceptos, adicciones de todo tipo, ignorancia de las leyes, densidad mental, traumas y todo tipo de problemas psicológicos que no permiten desarrollar un buen papel como persona, padre, madre, esposa, esposo, maestro, tutor, o cualquier rol en la parte laboral, social y espiritual.

Preámbulo
(Decir una sola vez)

En el nombre de Dios Yo Soy y en el nombre de mi santo ser crístico, santos seres crísticos de toda a humanidad, amado maestro Kutumi; amados arcángel Jofiel y su complemento divino Cristina; amados Gurú Ma y Lanello; todo el espíritu de la Gran Hermandad Blanca y la Madre del Mundo vida elemental, fuego, aire, agua y tierra, yo decreto: (hacer peticiones personales o incluir los llamados para el maestro Kutumi de la sección de llamados).

Decreto

Yo soy luz, candente luz.
Luz radiante luz intensificada.
Dios consume mis tinieblas
transmutándolas en luz.
En este día yo soy un foco del sol central.

A través de mí fluye un río cristalino,
una fuente de luz que jamás podrá ser
calificada por pensamientos ni sentimientos
humanos. Yo soy una avanzada de lo
divino. Las tinieblas que me han usado son
consumidas por el poderoso río de luz que
Yo soy.
Yo soy, yo soy, yo soy luz.
Yo vivo, yo vivo, yo vivo en la luz.
Yo soy la máxima dimensión de luz.
Yo soy la más pura intención de la luz.
Yo soy luz, luz, luz inundando el mundo
donde quiera que voy. Bendiciendo y
fortaleciendo el designio del reino del cielo.
(Repetir nueve veces o múltiplos de tres.)

Cierre del decreto

Y con plena fe acepto que esto se
manifieste, se manifieste, se manifieste (3
veces) aquí y ahora mismo con pleno poder
eternamente sostenido, omnipotentemente
activo, siempre expandiéndose y abarcando
el mundo, hasta que todos hayan ascendido
completamente en la luz y sean libres.
Amado Yo Soy, Amado Yo Soy, Amado Yo
Soy.[28]

DECRETOS DE LLAMA VIOLETA

Preámbulo

En el nombre del Yo soy el que Yo soy y en el nombre de mi santo ser crístico, santos seres crísticos de toda la humanidad, amado maestro Saint Germain y su alma gemela Porcia; amada Kuan Yin, diosa de la Misericordia; amados arcángeles Zadquiel y santa Amatista, seres y poderes del séptimo rayo, amados Gurú Ma y Lanello, todo el espíritu de la Gran Hermandad Blanca y la Madre del Mundo, yo decreto: (hacer peticiones personales o incluir los llamados para la llama violeta que están en la sección de llamados).

Decreto

Yo soy el perdón aquí actuando, arrojando las dudas y los temores. La Victoria cósmica despliega sus alas liberando por siempre a todos los hombres. Yo soy quien invoca con pleno poder en todo momento la ley del perdón a toda la vida, y en todo lugar inundo con la gracia del perdón.

Cierre del decreto

*Y con plena fe acepto que esto se
manifieste, se manifieste, se manifieste
(se repite tres veces) aquí y ahora
mismo con pleno poder eternamente
sostenido, omnipotentemente activo,
siempre expandiéndose y abarcando el
mundo, hasta que todos hayan ascendido
completamente en la luz y sean libres.
Amado Yo Soy, amado Yo Soy, amado Yo
Soy.*[29]
(Hacerlo durante quince minutos
diariamente.)

Existen varios decretos de llama violeta que pueden solicitarse en los grupos de estudio de Summit Lighthouse de tu ciudad.

Otro decreto de llama violeta
(Después del preámbulo y el llamado)

*Yo soy la llama violeta en acción en mí
ahora. Yo soy la llama violeta, solo antes la
luz me inclino. Yo soy la llama violeta en
poderosa fuerza cósmica. Yo soy la luz de
Dios resplandeciendo a cada hora. Yo soy
la llama violeta brillando como un sol. Yo*

---

[29] *Copyright* Summit Publications, Inc.

*soy el poder sagrado de Dios liberando a
cada uno.*
(Repetir durante quince minutos.)

Cierre
*Y con plena fe acepto que esto se
manifieste, se manifieste, se manifieste
(se repite tres veces) aquí y ahora
mismo con pleno poder eternamente
sostenido, omnipotentemente activo,
siempre expandiéndose y abarcando el
mundo, hasta que todos hayan ascendido
completamente en la luz y sean libres.
Amado Yo Soy, amado Yo Soy, amado Yo
Soy.*[30]

Llamados

Se dicen después de los preámbulos de cada decreto. Se pueden decir todos juntos o uno en especial,
según lo que más te interese resolver.

Los llamados son peticiones especiales y específi-
cas dirigidas a Dios y están estructurados de acuerdo
con un orden con la intención de ser escuchados desde un corazón sincero. Cada quien puede estructurar
sus llamados o peticiones según sus necesidades. Aquí
se hacen algunas sugerencias ya que hay una ley del

Cosmos que decreta: "El llamado exige la respuesta".
Por lo tanto, ten la seguridad de que por ley cósmica
tus llamados serán respondidos.

Llamado a san Miguel Arcángel para la liberación del alma atada a bajas frecuencias

En el nombre del Yo Soy el que Yo Soy y en el nombre de mi santo ser crístico, santos seres crísticos de toda la humanidad invoco la presencia electrónica del amado san Miguel Arcángel para que proteja toda la luz que está dentro de mí destinada a servir a Dios en este día y en esta encarnación. Que mi mente y mis energías sean liberadas de (mencionar miedos, energías sospechosas como brujería, magia negra, adicciones, odio o cualquier situación que esté molestando) *para que pueda reunirme con mi santo ser crístico todo los días. Lo pido para mí y para* (mencionar seres queridos, ciudades, países que se desean ayudar a través del trabajo de san Miguel).

Llamado para san Miguel para proteger la vida en el vientre y el nacimiento de los niños de la nueva era

Amado san Miguel Arcángel, protege con tu rayo azul a todas las mujeres embarazadas y que están por dar a luz, especialmente a todas las que están destinadas a encarnar a los niños de la nueva era. Aléjalos de la bestia del aborto y de todas sus trampas y guerra contra la mujer y su hijo. No permitas que sean atacadas de ninguna manera. Entra a sus conciencias y llena de valentía sus corazones. Lo pido de acuerdo a mi plan divino y de acuerdo a la voluntad de Dios. Amén.

Llamado para liberar a los jóvenes de las drogas y conductas adictivas que los alejan de sus planes divinos con san Miguel

Amado san Miguel Arcángel, desciende a todos los corazones de la juventud del mundo. Corta con tu espada de llama azul todo aquello que los aleja de su conciencia crística. Rescata a todos los niños y niñas de la luz que están atrapados en cualquier

tipo de droga: heroína, cocaína, crack,
LSD, éxtasis, marihuana, alcohol y toda
sustancia que aprisiona sus células y
sus átomos, robando su luz aunque no
lo sepan. Libéralos de la conciencia de
la idolatría por los cantantes de música
discordante que ataca a sus chakras hasta
hacerlos descender. Que sean liberados hoy
por la victoria de tu espada de llama azul.

Lo pido para todos los jóvenes de esta
casa, edificio, colonia, delegación, ciudad,
país, continente y todos los continentes que
conforman el planeta Tierra, propiedad
única del Yo Soy el que Yo Soy. De acuerdo
con nuestros planes divinos y de acuerdo
con la voluntad de Dios.

Llamado para el maestro Kutumi para la sanación de la mente por traumas, adicciones o limpieza mental

Amado maestro Kutumi y ángeles del rayo
de la iluminación, amados Jofiel y Cristina,
invoco vuestra luz para que sea sanada
mi psicología de todo trauma, recuerdo
doloroso, miedos y toda conducta que me
aleje de mi conciencia divina. Lo pido
para mí y para (mencionar nombres de
personas queridas que tengan problemas

de adicción y conductas agresivas y lo pido
para todos los jóvenes que están en centros
de rehabilitación, hospitales psiquiátricos
y grupos de adictos de todo tipo, en esta
ciudad, país, continente y planeta Tierra,
propiedad única del Yo soy el que Yo
soy (incluir necesidades personales). Lo
pedimos de acuerdo con nuestro plan
divino y a la voluntad de Dios.

Llamado de llama violeta

Invoco la llama violeta para transmutar
todo núcleo, causa, raíz, efecto, registro
y memoria del karma negativo que me
aleja de mi conciencia divina y de toda
alegría, perdón y libertad. Que mi alma
sea revestida con el color de la Conciencia
Divina y fluya todos mis días hacia un
camino de gloriosas victorias.

Lo pido para mí y para todas las
familias que están pasando sus ciclos
kármicos y no conocen la misericordia de
Dios con la llama violeta. También para
(mencionar nombres de seres queridos,
ciudades y países). Sea hecho de acuerdo
con mi plan divino y a la voluntad de Dios.
Amén.

Los días 23 de cada mes desciende el karma personal, por lo que se recomienda hacer tres horas de llama violeta esos días para borrar todo el karma que descendió y no enfrentarlo en situaciones durante el mes que comienza. Dedicarlo también a la limpieza del planeta.

Llamado para limpiar el planeta
(Hacerlo diariamente o incluirlo en los
días 23 de cada mes.)

*En el nombre del Yo Soy el que Yo Soy y en
el nombre de mi santo ser crístico, invoco
llama violeta para limpiar todo núcleo,
causa, efecto, registro, memoria y raíz; todo
abuso de fuego sagrado que se haya llevado
a cabo en la historia de la humanidad por
guerras, asesinatos masivos, depravación
sexual y abortos. Que sea limpiado con
la llama violeta este día. Que el hogar
de la humanidad sea purificado con la
misericordia, libertad y perdón de la llama
violeta. Sea hecho de acuerdo con la
voluntad de Dios. Amén.*

Padre Nuestra de la Nueva Era

*Padre Nuestro que estás en los cielos.
Santificado sea tu nombre Yo soy Yo soy.
Tu reino venido, Yo soy. Tu voluntad*

*cumpliéndose. Yo soy en la tierra como
Yo soy en el cielo. Yo soy el que da hoy el
pan de cada día. Yo soy el que perdona
toda vida tal como Yo soy toda vida
perdonándome. Yo soy el que aparta a
todo hombre de la tentación. Yo soy el que
libra a todo hombre de toda condición
perniciosa.*

*Yo soy el reino. Yo soy el poder. Yo soy
la Gloria de Dios en eterna e inmortal
manifestación. Todo esto Yo Soy.*[31]

Ave María de la Nueva Era

*Ave María llena eres de gracia, el Señor
es contigo. Bendita tú eres entre todas las
mujeres y bendito es el fruto de tu vientre,
Jesús. Santa María, Madre de Dios, ruega
por nosotros hijos e hijas de Dios, ahora
y en la hora de nuestra victoria sobre el
pecado, la enfermedad y la muerte.*[32]

Si tienes la costumbre de rezar el rosario tradicional, puedes cambiar el *Padre Nuestro de la Nueva Era* y el *Ave María de la Nueva Era*, y sentirás los efectos muy rápido.

---

[31] *Copyright* Summit Publications, Inc.
[32] Ídem.

También puedes buscar el *Rosario del Niño a la Madre María* en los grupos de estudio de Summit University de tu ciudad. Es importante que les digas que deseas aprender a rezar el *Rosario de la Nueva Era* para que sepan cómo instruirte.

Este Rosario se dedica para alguna enfermedad, problemas económicos o liberación de sustancias por haber consumido algún tipo de drogas, especialmente marihuana.

Se reza por un ciclo de nueve, treinta y tres o cuarenta días a una misma hora. De preferencia a las 18 horas, cuando la línea del reloj cósmico está en la vibración de la Madre Divina.

Cuando se inicie el Rosario es importante dedicarlo a alguna causa noble y amorosa y rezar con devoción.

Carta de perdón

Las cartas de perdón son dirigidas a nuestros santos seres crísticos, nuestros ángeles guardianes, solo ellos pueden interferir en la situación de manera justa y amorosa.

> *En el nombre de Yo Soy el que Yo Soy y en el nombre de mi santo ser crístico, santo ser crístico de...* (decir el nombre de la persona o personas que se considera importante pedir perdón o perdonar), *amada Madre María, amados maestros*

*Jesús, Saint Germain y Kutumi, invoco
vuestras energías para que cubran mi alma
de toda la verdad, misericordia, libertad,
perdón, amor e iluminación necesarios para
mi liberación etérica, mental, emocional y
física y que pueda con esto fluir hacia el
corazón de Dios.* (Escribir todo aquello
que necesitas decirle a la persona(s) con
la(s) que te sientes en deuda o tienen
deudas contigo.) *Esto lo pido de acuerdo a
nuestros planes divinos y a la voluntad de
Dios. Amén.*

Al final se escribe el nombre completo y se firma.
Y antes de quemar la carta, se hace la siguiente
oración:

*En el nombre del Yo Soy el que Yo Soy
invoco al amado san Miguel Arcángel para
que escolte esta carta hasta las manos de
Dios y sea entregada y resuelta de acuerdo
a su voluntad. Amén.*

Se quema cuidadosamente hasta que quede hecha
cenizas totalmente; las cenizas se tiran porque ya no
tienen luz.

Alimentos

El rábano daikon ayuda a quitar las capas de odio, rencor y enojo que hayan cubierto al corazón provocando su endurecimiento. Se sugiere comerlo con frecuencia.

La comida macrobiótica ayuda al equilibrio del yin y el yang del cuerpo. Se sugiere comerla con frecuencia para evitar enfermedades originadas por la falta de armonía en el interior.

Si por buscar el camino al Paraíso tienes que luchar batalla por batalla, no te detengas, muchos ya llegaron.

Contenido